《苏州全书》

编纂出版委员会　编

·苏州古典园林

苏州全书

乙编

苏州大学出版社
古吴轩出版社

图书在版编目（CIP）数据

苏州古典园林 / 刘敦桢著. —— 苏州：苏州大学出
版社：古吴轩出版社, 2023.12
（苏州全书）
ISBN 978-7-5672-4693-5

Ⅰ.①苏… Ⅱ.①刘… Ⅲ.①古典园林–研究–苏州
Ⅳ.①K928.73

中国国家版本馆CIP数据核字（2023）第245403号

责任编辑　倪锈霞
装帧设计　周　晨　李　璇
责任校对　朱雪斐

书　　名　苏州古典园林
著　　者　刘敦桢
出版发行　苏州大学出版社
　　　　　地址：苏州市十梓街1号　电话：0512-67480030
　　　　　古吴轩出版社
　　　　　地址：苏州市八达街118号苏州新闻大厦30F　电话：0512-65233679
印　　刷　苏州工业园区美柯乐制版印务有限责任公司
开　　本　718×1000　1/16
印　　张　37.75
版　　次　2023年12月第1版
印　　次　2023年12月第1次印刷
书　　号　ISBN 978-7-5672-4693-5
定　　价　220.00元

《苏州全书》编纂工程

总主编

刘小涛　吴庆文

学术顾问

（按姓名笔画为序）

《苏州全书》编纂出版委员会

主 任

金 洁　查颖冬

副主任

黄锡明　张建雄　王国平　罗时进

编 委

（按姓名笔画为序）

丁成明	王乐飞	王 宁	王伟林	王忠良	王 炜
王稼句	尤建丰	卞浩宇	田芝健	朱从兵	朱光磊
朱 江	齐向英	汤哲声	孙中旺	孙 宽	李 军
李志军	李 忠	李 峰	吴建华	吴恩培	余同元
沈 鸣	沈慧瑛	张蓓蓓	陈大亮	陈卫兵	陈兴昌
陈其弟	陈 洁	欧阳八四	周生杰	查 焱	洪 晔
袁小良	钱万里	铁爱花	徐红霞	卿朝晖	凌郁之
高 峰	接 晔	黄启兵	黄鸿山	曹 炜	曹培根
程水龙	谢晓婷	蔡晓荣	臧知非	管傲新	潘志嘉
戴 丹					

前　言

　　中华文明源远流长，文献典籍浩如烟海。这些世代累积传承的文献典籍，是中华民族生生不息的文脉和根基。苏州作为首批国家历史文化名城，素有"人间天堂"之美誉。自古以来，这里的人民凭借勤劳和才智，创造了极为丰厚的物质财富和精神文化财富，使苏州不仅成为令人向往的"鱼米之乡"，更是实至名归的"文献之邦"，为中华文明的传承和发展作出了重要贡献。

　　苏州被称为"文献之邦"由来已久，早在南宋时期，就有"吴门文献之邦"的记载。宋代朱熹云："文，典籍也；献，贤也。"苏州文献之邦的地位，是历代先贤积学修养、劬勤著述的结果。明人归有光《送王汝康会试序》云："吴为人材渊薮，文字之盛，甲于天下。"朱希周《长洲县重修儒学记》亦云："吴中素称文献之邦，盖子游之遗风在焉，士之向学，固其所也。"《江苏艺文志·苏州卷》收录自先秦至民国苏州作者一万余人，著述达三万二千余种，均占江苏全省三分之一强。古往今来，苏州曾引来无数文人墨客驻足流连，留下了大量与苏州相关的文献。时至今日，苏州仍有约百万册的古籍留存，入选"国家珍贵古籍名录"的善本已达三百一十九种，位居全国同类城市前列。其中的苏州乡邦文献，历宋元明清，涵经史子集，写本刻本，交相辉映。此外，散见于海内外公私藏家的苏州文献更是不可胜数。它们载录了数千年传统文化的精华，也见证了苏州曾经作为中国文化中心城市的辉煌。

苏州文献之盛得益于崇文重教的社会风尚。春秋时代，常熟人言偃就北上问学，成为孔子唯一的南方弟子。归来之后，言偃讲学授道，文开吴会，道启东南，被后人尊为"南方夫子"。西汉时期，苏州人朱买臣负薪读书，穹窿山中至今留有其"读书台"遗迹。两晋六朝，以"顾陆朱张"为代表的吴郡四姓涌现出大批文士，在不少学科领域都贡献卓著。及至隋唐，苏州大儒辈出，《隋书·儒林传》十四人入传，其中籍贯吴郡者二人；《旧唐书·儒学传》三十四人入正传，其中籍贯吴郡（苏州）者五人，文风之盛可见一斑。北宋时期，范仲淹在家乡苏州首创州学，并延名师胡瑗等人教授生徒，此后县学、书院、社学、义学等不断兴建，苏州文化教育日益发展。故明人徐有贞云："论者谓吾苏也，郡甲天下之郡，学甲天下之学，人才甲天下之人才，伟哉！"在科举考试方面，苏州以鼎甲萃集为世人瞩目，清初汪琬曾自豪地将状元称为苏州的土产之一，有清一代苏州状元多达二十六位，占全国的近四分之一，由此而被誉为"状元之乡"。近现代以来，苏州在全国较早开办新学，发展现代教育，涌现出顾颉刚、叶圣陶、费孝通等一批大师巨匠。中华人民共和国成立后，社会主义文化教育事业蓬勃发展，苏州英才辈出、人文昌盛，文献著述之富更胜于前。

苏州文献之盛受益于藏书文化的发达。苏州藏书之风举世闻名，千百年来盛行不衰，具有传承历史长、收藏品质高、学术贡献大的特点，无论是卷帙浩繁的图书还是各具特色的藏书楼，以及延绵不绝的藏书传统，都成为中国文化重要的组成部分。据统计，苏州历代藏书家的总数，高居全国城市之首。南朝时期，苏州就出现了藏书家陆澄，藏书多达几万卷。明清两代，苏州藏书鼎盛，绛云楼、汲古阁、传是楼、百宋一廛、艺芸书舍、铁琴铜剑楼、过云楼等藏书楼誉满海内外，汇聚了大量的珍贵文献，对古代典籍的收藏保护厥功至伟，亦于文献校勘、整理裨益甚巨。《旧唐书》自宋至明四百多年间已难以考觅，直至明嘉靖十七年（一五三八），闻人诠在苏州为官，搜讨旧籍，方从吴县王延喆家得《旧唐书》"纪"和"志"部分，从长洲张汴家得《旧唐书》"列传"部分，"遗籍俱出宋时模板，旬月之间，二美璧合"，于是在苏州府学中椠刊，《旧唐书》自此得以汇而成帙，复行于世。清代嘉道年间，苏州黄丕烈和顾广圻均为当时藏书名家，且善校书，"黄跋顾校"在中国文献史上影响深远。

苏州文献之盛也获益于刻书业的繁荣。苏州是我国刻书业的发祥地之一，早在宋代，苏州的刻书业已经发展到了相当高的水平，至今流传的杜甫、李白、韦应物等文学大家的诗文集均以宋代苏州官刻本为祖本。宋元之际，苏州碛砂延圣院还主持刊刻了中国佛教史上著名的《碛砂藏》。明清时期，苏州成为全国的刻书中心，所刻典籍以精善享誉四海，明人胡应麟有言："凡刻之地有三，吴也、越也、闽也。"他认为"其精，吴为最"，"其直重，吴为最"。又云："余所见当今刻本，苏常为上，金陵次之，杭又次之。"清人金埴论及刻书，仍以胡氏所言三地为主，则谓"吴门为上，西泠次之，白门为下"。明代私家刻书最多的汲古阁、清代坊间刻书最多的扫叶山房均为苏州人创办，晚清时期颇有影响的江苏官书局也设于苏州。据清人朱彝尊记述，汲古阁主人毛晋"力搜秘册，经史而外，百家九流，下至传奇小说，广为镂版，由是毛氏锓本走天下"。由于书坊众多，苏州还产生了书坊业的行会组织崇德公所。明清时期，苏州刻书数量庞大，品质最优，装帧最为精良，为世所公认，国内其他地区不少刊本也都冠以"姑苏原本"，其传播远及海外。

苏州传世文献既积淀着深厚的历史文化底蕴，又具有穿越时空的永恒魅力。从范仲淹的"先天下之忧而忧，后天下之乐而乐"，到顾炎武的"天下兴亡，匹夫有责"，这种胸怀大卜的家国情怀，早已成为中华民族精神的重要组成部分，传世留芳，激励后人。南朝顾野王的《玉篇》、隋唐陆德明的《经典释文》、陆淳的《春秋集传纂例》等均以实证明辨著称，对后世影响深远。明清时期，冯梦龙的《喻世明言》《警世通言》《醒世恒言》，在中国文学史上掀起市民文学的热潮，具有开创之功。吴有性的《温疫论》、叶桂的《温热论》，开温病学研究之先河。苏州文献中蕴含的求真求实的严谨学风、勇开风气之先的创新精神，已经成为一种文化基因，融入了苏州城市的血脉。不少苏州文献仍具有鲜明的现实意义。明代费信的《星槎胜览》，是记载历史上中国和海上丝绸之路相关国家交往的重要文献。郑若曾的《筹海图编》和徐葆光的《中山传信录》，为钓鱼岛及其附属岛屿属于中国固有领土提供了有力证据。魏良辅的《南词引正》，严澂的《松弦馆琴谱》，计成的《园冶》，分别是昆曲、古琴及园林营造的标志性成果，这些艺术形式如今得以名列世界文化遗产，与上述名著的嘉惠滋养密不可分。

维桑与梓，必恭敬止；文献流传，后生之责。苏州先贤向有重视乡邦文献整理保护的传统。方志编修方面，范成大《吴郡志》为方志创体，其后名志迭出，苏州府县志、乡镇志、山水志、寺观志、人物志等数量庞大，构成相对完备的志书系统。地方总集方面，南宋郑虎臣辑《吴都文粹》、明钱谷辑《吴都文粹续集》、清顾沅辑《吴郡文编》先后相继，收罗宏富，皇皇可观。常熟、太仓、昆山、吴江诸邑，周庄、支塘、木渎、甪直、沙溪、平望、盛泽等镇，均有地方总集之编。及至近现代，丁祖荫汇辑《虞山丛刻》《虞阳说苑》，柳亚子等组织"吴江文献保存会"，为搜集乡邦文献不遗余力。江苏省立苏州图书馆于一九三七年二月举行的"吴中文献展览会"规模空前，展品达四千多件，并汇编出版吴中文献丛书。然而，由于时代沧桑，图书保藏不易，苏州乡邦文献中"有目无书"者不在少数。同时，囿于多重因素，苏州尚未开展过整体性、系统性的文献整理编纂工作，许多义献典籍仍处于尘封或散落状态，没有得到应有的保护与利用，不免令人引以为憾。

进入新时代，党和国家大力推动中华优秀传统文化的创造性转化和创新性发展。习近平总书记强调，要让收藏在博物馆里的文物、陈列在广阔大地上的遗产、书写在古籍里的文字都活起来。二〇二二年四月，中共中央办公厅、国务院办公厅印发《关于推进新时代古籍工作的意见》，确定了新时代古籍工作的目标方向和主要任务，其中明确要求"加强传世文献系统性整理出版"。盛世修典，赓续文脉，苏州文献典籍整理编纂正逢其时。二〇二二年七月，中共苏州市委、苏州市人民政府作出编纂《苏州全书》的重大决策，拟通过持续不断努力，全面系统整理苏州传世典籍，着力开拓研究江南历史文化，编纂出版大型文献丛书，同步建设全文数据库及共享平台，将其打造为彰显苏州优秀传统文化精神的新阵地，传承苏州文明的新标识，展示苏州形象的新窗口。

"睹乔木而思故家，考文献而爱旧邦"。编纂出版《苏州全书》，是苏州前所未有的大规模文献整理工程，是不负先贤、泽惠后世的文化盛事。希望藉此系统保存苏州历史记忆，让散落在海内外的苏州文献得到挖掘利用，让珍稀典籍化身千百，成为认识和了解苏州发展变迁的津梁，并使其中蕴含的积极精神得到传承弘扬。

观照历史，明鉴未来。我们沿着来自历史的川流，承荷各方的期待，自应负起使命，砥砺前行，至诚奉献，让文化薪火代代相传，并在守正创新中发扬光大，为推进文化自信自强、丰富中国式现代化文化内涵贡献苏州力量。

《苏州全书》编纂出版委员会
二〇二二年十二月

凡　例

一、《苏州全书》（以下简称"全书"）旨在全面系统收集整理和保护利用苏州地方文献典籍，传播弘扬苏州历史文化，推动中华优秀传统文化传承发展。

二、全书收录文献地域范围依据苏州市现有行政区划，包含苏州市各区及张家港市、常熟市、太仓市、昆山市。

三、全书着重收录历代苏州籍作者的代表性著述，同时适当收录流寓苏州的人物著述，以及其他以苏州为研究对象的专门著述。

四、全书按收录文献内容分甲、乙、丙三编。每编酌分细类，按类编排。

（一）甲编收录一九一一年及以前的著述。一九一二年至一九四九年间具有传统装帧形式的文献，亦收入此编。按经、史、子、集四部分类编排。

（二）乙编收录一九一二年至二〇二一年间的著述。按哲学社会科学、自然科学、综合三类编排。

（三）丙编收录就苏州特定选题而研究编著的原创书籍。按专题研究、文献辑编、书目整理三类编排。

五、全书出版形式分影印、排印两种。甲编书籍全部采用繁体竖排；乙编影印类书籍，字体版式与原书一致；乙编排印类书籍和丙编书籍，均采用简体横排。

六、全书影印文献每种均撰写提要或出版说明一篇，介绍作者生平、文献内容、版本源流、文献价值等情况。影印底本原有批校、题跋、印鉴等，均予保留。底本有漫漶不清或缺页者，酌情予以配补。

七、全书所收文献根据篇幅编排分册，篇幅适中者单独成册，篇幅较大者分为序号相连的若干册，篇幅较小者按类型相近原则数种合编一册。数种文献合编一册以及一种文献分成若干册的，页码均连排。各册按所在各编下属细类及全书编目顺序编排序号。

苏州古典园林

刘敦桢 著

出版说明

刘敦桢（1897—1968），字士能，号大壮室主人。湖南新宁人。1921年毕业于日本东京高等工业学校，曾任中国营造学社研究员及文献主任。1943年任国立中央大学建筑系主任，后兼任工学院院长。中华人民共和国成立后，任南京大学建筑系教授、南京工学院建筑系教授。中国建筑学奠基人之一，与梁思成并称"南刘北梁"。主要著作有《中国住宅概说》《苏州古典园林》《中国古代建筑史》等。

《苏州古典园林》初稿成于众手，但均按刘敦桢思路和理念写就。除撰写第二章布局、第四章叠山及第六章花木相关内容外，刘敦桢还对全书逐章逐节审阅、修改，充分体现了其园林美学思想。其他执笔者还有潘谷西、沈国尧、刘先觉、朱鸣泉、胡思永等。

全书约13万字，有测绘图近200幅、照片600余帧，分总论、实例二部。总论分绪论、布局、理水、叠山、建筑、花木，辅以图绘及照片，系统总结苏州古典园林造园艺术。叙述洞达透彻，不厌其详，议论与古人合契，而不囿其窠臼，是全书精要所在。实例则包括拙政园、留园等十五处苏州名园，兼顾大小，以见面积大小对园林布局、营造方法的影响。首叙其历史沿革，次及园林布局、主要景点等，并附平面图、剖面图及各景点照片。刘氏于1953年即着手组织对苏州古典园林进行调查、研究和测绘，故所论皆结合实例，言之有物。对古典园林造景成功之处，详细说明其原理；反之则不为曲美，眼光独到。本书对其后园林学研究产生深远影响，是园林学经典之作。

《苏州古典园林》初稿成于1960年，递经修改补充整理，由中国建筑工业出版社1979年初版。此后主要版本还有中国建筑工业出版社2005年修订版、华中科技大学出版社2019年版等。本次以中国建筑工业出版社1979年初版为底本，重新审校出版。

说　明

　　本书系南京工学院刘敦桢教授生前研究著作。一九五三年，他组织南京工学院与华东工业建筑设计院合办的中国建筑研究室的人员，对苏州古典园林做了普查。一九五六年，刘敦桢教授写成《苏州的园林》，在南京工学院第一次科学报告会上发表。随后，又由南京工学院建筑系原建筑历史教研组与原建筑工程部建筑科学研究院建筑理论与历史研究室南京分室对苏州重点园林进一步做了调查研究和测绘，一九六〇年写了《苏州古典园林》稿，一九六三年进行了修改和补充。一九六八年刘敦桢教授逝世后，从一九七三年起，我们按照原稿的体例，对文字照片和图纸进行了整理。

　　参加此项工作并于一九七三年后整理书稿的人员有潘谷西、刘先觉、乐卫忠、郭湖生、叶菊华、刘叙杰。

　　曾参加本书研究、测绘、制图、摄影的主要成员有朱鸣泉、沈国尧、詹永伟、金启英、傅高杰及南京工学院建筑系与原建筑工程部建筑科学研究院理论与历史研究室南京分室的有关人员和教师。

　　本书照片由朱家宝印放。

　　杨廷宝教授、童寯教授十分关心和支持对苏州古典园林的研究和本书的出版，并亲自为本书写了序。

　　本书在调查研究过程中，曾得到苏州园林管理处和苏州有关人士的大力协助。

南京工学院建筑系《苏州古典园林》整理小组

一九七八年十月

序

中国古典园林精华萃于江南，重点则在苏州，大小园墅数量之多、艺术造诣之精，乃今天世界上任何地区所少见。江南最早私园为东晋苏州顾辟疆园。由于苏州具有经济、文化、自然等优越条件，因而园林得以发展。在长期封建社会中，苏州园林迭有兴废，至中华人民共和国成立后，始广为维修，累代名园遂又复重丽。

作为历史珍贵遗产，中国古典园林有其世界地位，这是学者们所公认的。影响所及，不但达到朝鲜、日本，而且还远及十八世纪的欧洲，被称为造园史上的渊源之一。

日本、英国造园艺术受中国之影响，鲜见于我国典籍，多系来自外国例证。而我国旧日对名园别墅，仅属孤芳自赏，从未广泛称颂传播，以致不如日本京都庭园之为人所熟知。

公元六世纪，随着佛教传入日本，带去中国文化。我国造园艺术也被苏我马子引进日本，用池中筑岛，仿中土海上神山，创日本典型庭园之始。后又从南宋学到禅宗啜茗，打下茶道茶庭枯山水基础，达日本庭园全盛时期。明末计成所著《园冶》流入日本，抄本题名《夺天工》。稍后，朱舜水到日本，复带去江南园林风格。今东京后乐园，仍存朱氏遗规。日本庭园建筑物、配景标题与园名，都用古典汉语，完全透露中国影响。

欧洲最早对中国园林的了解，始自来华耶稣会教士的著作与信函。清初教士李明著《中国现势新志》，提及园林池馆山石洞窟。越半世纪，钱伯斯到广州，除游览商人园墅，可能还看过文人园，返英著《东方园林论述》，予中国园林以高度评价。从十七世纪末开始，英国对规则式园林已感单调而生厌，认为山林怪石，流溪断涧，野穴苍岩，较欧洲古典方蹊直径更活泼而自然，东方风景园随之发展，到十八世纪达全盛时期。不久，又移植欧陆，法国出现"英华园庭"一词，仅巴黎一区，即有中国式风景园二十所，可见中国园林艺术对西方造园影响之一斑。

旧时代，虽有文人记述名园，却少品评园林艺术创作。对苏州古典园林做系统的学术研究，始自中华人民共和国成立后我院刘敦桢教授领导的中国建筑研究室与建筑历史教研组。早在三十年前，他就是研究园林艺术的少数人之一。二十世纪六十年代，他负责修建南京瞻园。在他的指导下，工人于园南叠成湖石水旱假山；又规划南墙临街入口一段院落，意境入画。这是他引导研究室成员在造园方面，理论联系实际的成就。本书是在他的主持下，多年研究的结晶，对我国园林艺术精极剖析，所论虽仅及苏州诸园，然实中国历代造园史之总结。存稿此次经建筑史教研组整理付印，对今后造园当有参考借鉴意义。

南京工学院建筑系　杨廷宝　童寯

一九七八年六月

目　录

总　论

实　例

总　论

绪　论

　　中国古典园林是具有高度艺术成就和独特风格的园林艺术体系。它在世界园林史上占有重要地位，不仅在亚洲曾经影响日本等国家的造园艺术，而且在十八世纪后半期，对远处西欧的英国等地也有一定影响。苏州古典园林是我国南方私家园林的代表，现存的这些园林是古代文化遗产中的珍品（图1）。研究这些历史遗产，给以科学的总

图1　拙政园中部园景

结，对我国社会主义园林建设和发展新的园林艺术，都是很有意义的。

一般说来，我国古代的园林可分为两大类：一类是帝王的苑囿，另一类是官僚、地主和富商的私园。前者多与离宫相结合，位于郊外，规模宏大，占地可达数千亩[①]，如北京颐和园、承德避暑山庄等；少数设于都城内，与宫室毗连，规模也很可观，如北京的三海（北海、中海、南海）。这些苑囿的布局，基本上是在自然山水的基础上加以整理改造，结合房屋、花木构成园景。建筑物体形比较高大，色彩华丽，林木掩映，花卉繁多。私家园林一般建造在城市中，与住宅紧密相连，占地自一二亩至十余亩者居多，最大的也不过数十亩，园景处理以小空间内的近距离观赏为主。这两种园林都是为满足封建统治阶级的享乐而建造的，虽然由于园主在政治上和经济上所占的地位不同而有若干不同特点，但在园林布置和造景手法上，则有许多共同之处，如园景构图摹仿自然，采用曲折而自由的布局，建筑、山池、花木的布置都不像欧洲大陆那样惯用几何形图案；而且不论苑囿或私家园林，都有大量建筑物，往往成组成院布置，形成许多封闭式院落；再如二者都用叠石堆山来丰富园景；在建筑风格和植物栽培方面，也富有我国的民族特色。

在封建社会里，园林的兴建反映着统治阶级对劳动人民的残酷压榨。历史上造园之风总是以贵族豪门和官僚、地主、富商集中的都城和陪都最为兴盛[②]，其次是经济发达地区或通商要道的某些城市，如南宋的吴兴（今浙江湖州）、明清的苏州和清中叶的扬州等。从园林的发展过程来看，当统治阶级政治极度腐败，生活靡烂，强化对劳动人民压榨和掠夺的时候，造园活动往往比较频繁，苏州私家园林的发展也反映了这种情况。

---

① 1亩≈666.67平方米。

② 汉长安、洛阳，北魏洛阳，南朝建康，唐长安、洛阳，北宋东、西京，南宋临安，明南、北京，清北京，都有大量造园记载。

苏州一带，从晋室南迁以后始见造园的记载①，但迄至唐代，园林数量仍然不多。五代时，吴越地区受战争破坏较少，是全国最富庶的地区之一。钱镠父子踞杭州大治城郭宫室，苏州是其重要据点，贵族官僚的造园活动盛极一时。据北宋朱长文《乐圃记》载"钱氏时，广陵王元璙者（按：即钱镠之子）实守姑苏，好治林圃，其诸从徇其所好，各因隙地而营之，为台为沼，今城中遗址颇有存者"②。其将孙承佑也大建园池，苏州现存历史最早的园林——沧浪亭，就是在其遗址上经历代改建而成。北宋末年，宋徽宗赵佶在东京营苑囿"艮岳"，于苏州设应奉局，令朱勔采江南奇花异石。《宋史·朱勔传》谓"士民家一石一木稍堪玩，必撤屋抉墙以出"，可见当时苏州造园风气已较普遍。南宋时，赵氏政权腐朽昏愦，经济上的掠夺和生活上的奢靡达到惊人的地步，临安（今杭州）、吴兴是贵族官僚集居的城市，造园之风大盛。③富饶的苏州也是他们掠夺和享乐的一个重要地方，园林别墅不断兴建，除城区有不少私园外，郊外的石湖、尧峰山、天池山、洞庭东西山等风景优胜地点，也先后出现了官僚地主的园林和别墅。④明清是封建社会末期，经济发达的江南地区成为私家园林的集中地⑤，苏州的造园活动也达到一个新的高潮，从明嘉靖至清乾隆之间，大小官僚地主争相造园，成为一时风尚，为时几达三百年之久。这种造园活动的经济基础就是地主阶级对广大劳动人民的残酷剥削。⑥太平天国以后，一批反动官僚镇压农民起义发了横财，纷

---

① 　《晋书·王献之传》所记顾辟疆园。

② 　见《古今图书集成·考工典》一百十九。

③ 　见吴自牧《梦梁录》、耐得翁《都城纪胜》、周密《吴兴园林记》。

④ 　见民国《吴县志》卷三十九。

⑤ 　见王世贞《游金陵诸园记》、《娄东园林志》及各地方志。

⑥ 　据顾炎武《日知录》卷十载，明时苏州一府的田赋占全国十分之一左右，可见农民负担之重。又同书卷十三："人奴之多，吴中为甚，今吴中仕宦之家，有多至一、二千人者。"反映了当时地主阶级对劳动人民压榨的严重情况。

纷来到苏州，大造第宅园林，又使苏州出现了一次造园高潮。[①]这就更清楚地表明了清末苏州园林兴盛的社会背景。

江南诸城市的经济，有些以商业为主，有些是手工业品的重要产地，有些是官僚地主的消费城市，还有兼具二种或三种性质的。由于各地的情况不同，园林的数量、规模和保存状况也有区别。其中苏州从春秋到两汉已是东南的重要城市，不但农业生产水平较高，而且是丝织品和各种美术工艺品相当发达的手工业城市，自唐代至鸦片战争为止，虽曾遭受数次兵灾，但随即恢复，继续维持其繁荣。另一方面，随着经济的发展，文风也甲于东南诸省，明清二代由科举登仕途，甚至置身卿相的人为数也不少。此辈平日搜刮民脂民膏，年老归家，购田宅，建园林。而他处的官僚地主也往往羡慕苏州风物优美和生活舒适，来此优游养老。当然，苏州与唐和北宋的洛阳、南宋的吴兴、明代的南京有所不同，但其性质同为官僚地主们的消费城市则无差别。因此，旧日名园虽屡易其主，却往往保存着原来的面貌，或踵事增华，予以改建。所以清代江南园林虽推苏州、扬州、杭州三地为代表，而私家园林则以苏州为最多。

在自然条件方面，自来兴建园林大都以筑山开池为主，两者之中又以筑山较易，得水为难。江南一带湖泊罗布，河港纷驶，可谓得天独厚。筑山必须用石，石以玲珑空透者为上品。苏州洞庭西山所产太湖石，颜色富有深浅变化，且洞多皱多，自唐以来就蜚声全国。次如湖州吴家埠，吴兴弁山，昆山马鞍山，常州黄山，宜兴张公、寿九、江山诸洞，镇江圌山、大岘山，句容龙潭，南京青龙山，以及常熟、杭州等地所产石料，虽质地稍差，但取材便利。黄石各地皆产，其中尤以苏州的尧峰、穹窿、上方、七子、灵岩诸山，以及苏州浒墅关的阳山等地，石质坚硬，表面带有各种纹理，并有白、黄、红、紫等色。这

---

① 如营怡园的顾文彬、耦园园主沈秉成，以及拥有大片邸宅庭园的任道镕等，都是镇压农民起义的刽子手。

也为苏南浙北的园林发展提供了有利条件。这些条件早在公元五世纪中叶已被利用，如《宋书·戴颙传》谓：颙"出居吴下，吴下士人共为筑室，聚石引水，植林开涧，少时繁密，有若自然"，便是很好的证明。

就园林本身来说，汉以前文献实物都极缺乏，实际情况尚待研究。从两汉起，记载渐多，如刘武（梁孝王）、袁广汉及梁冀等人的园林，均开池筑山，模仿自然。刘武的兔园，宫观相连，延亘数十里。袁氏园中房屋徘徊连属，重阁修廊，行之移晷不能遍[①]。可见，我国园林使用大量建筑物与山水相结合，已有二千多年的传统了。但这只是我国古代园林特征的一面。另一方面，魏正始间士大夫玄谈玩世，寄情山水，以隐逸为高尚。两晋以后，受佛教影响，这种趋向更为明显。南北朝时，士大夫从事绘画的人渐多，至唐中叶遂有文人画的诞生，而文人画家往往以风雅自居，自建园林，将"诗情画意"融贯于园林之中，如宋之问、王维、白居易等都是当时的代表人物。从思想实质上说，所谓"诗情画意"，不过是当时官僚地主和文人画家将诗画中所表现的阶级情调，应用到园林中去，创造一些他们所爱好的意境。根据对苏州各园的调查，这种思想情趣主要是标榜"清高"和"风雅"。例如把园中山池，寓意为山居岩栖，高逸遁世；以石峰象征名山巨岳，以鸣雅逸；以松、竹、梅比作孤高傲世的"岁寒三友"，喻荷花为"出淤泥而不染"的"君子"等。这类借景寓意的自我标榜，常用题名、匾联和园记、诗画等加以表述。如拙政园远香堂的题名，是取自宋周敦颐《爱莲说》中"香远益清"的句意。拙政园扇面亭的题名"与谁同坐轩"，是引用苏轼"与谁同坐，明月清风我"[②]的词句，孤高到只有明月清风才能为伍。其实，过去官僚地主在园林中渲染的"清高"和"风雅"，只不过是一种虚伪的装饰，它背后掩盖着的则是腐朽的生活享乐和空虚的精神寄托。

---

①　旧题汉刘歆撰《西京杂记》。

②　见《全宋词》324页，苏轼词《点绛唇》。

　　我国山水画和园林在摹写自然方面有其共通之处，因此南宋以后画家参与园林设计者渐多，这对我国古代园林艺术的提高起了促进作用。在江南一带如明代的张南阳、周秉忠、计成，清代的张涟、张然、叶洮、戈裕良等皆擅长绘画，又以造园著名。他们通过实践，掌握了不同程度的造园技艺，并以之为职业，奔走于权贵之门，其中计成著有《园冶》一书，一定程度上反映了明末江南造园技艺的成就，是明清间著名的造园著作。

　　在封建社会里，只有农民和手工业工人是创造社会财富和创造文化的基本阶级。古代造园工匠在长期的实践中，薪火相授，积累了丰富的经验，提高了技术，创造了我国优秀的园林艺术。据记载，北宋洛阳的工匠已采用嫁接法发展花木品种。[①]南宋有专门造假山的工人，称为"山匠"[②]。明代江南造园工人技艺更为精湛，如明田汝成《西湖游览志》载：杭州工人陆氏，"堆垛峰峦、拗折涧壑，绝有天巧，号陆叠山"。明《吴风录》记载苏州有"种艺叠山"的工匠，称"花园子"。[③]有的园林还由工人直接写仿山中景物而成。[④]这些记载多少反映了两宋至明代造园工匠们承担实际工作的情况。清康熙间李渔所著《闲情偶寄》曾说："尽有丘壑填胸，烟云绕笔之韵士，命之画水题山，顷刻千岩万壑，及倩磊斋头片石，其技立穷，似向盲人问道者。从来叠山名手俱无能诗善绘之人，见其随举一石，颠倒置之，无不苍古成文，迂回入画。"[⑤]这段话说出了当时的一些真实情况，表明真正掌握造园技术的是那些毕生从事造园工作，而姓名和事迹却未见于记载的工匠们。上述记载也说明，我国古典园林的造园艺术，渊源久远，经历代匠师们的继承、发展，才达到了高度的艺术成就。

---

① 宋李格非《洛阳名园记》"李氏仁丰园"条。
② 见明商濬辑《稗海》所录宋周密《癸辛杂识》。
③ 用《西阳学山》所录黄省曾撰《吴风录》。
④ 民国《吴县志》卷二十九"怡老园"条。
⑤ 《闲情偶寄》卷九"山石第五"。

　　以上简单地阐述了影响苏州古典园林发展的若干因素。至于江南地区园林的存废情况，扬州自清嘉庆后，旧日瘦西湖一带盛极一时的私家园林，早已不复存在。杭州、吴兴、南浔、上海、青浦、常熟、无锡、南京等处的园林，在中华人民共和国成立前几十年内颓废或改建的不在少数。独苏州一地，大自规模宏丽的拙政园、留园，小至一丘一壑的小庭院，不仅数量多，而且保存比较完好。这些园林大多数集中在城内，又以观前和阊门之间的地区数量最多，观前与东北街之间次之，城东南部又次之（图2）。推其原因，主要是园主贪图物质

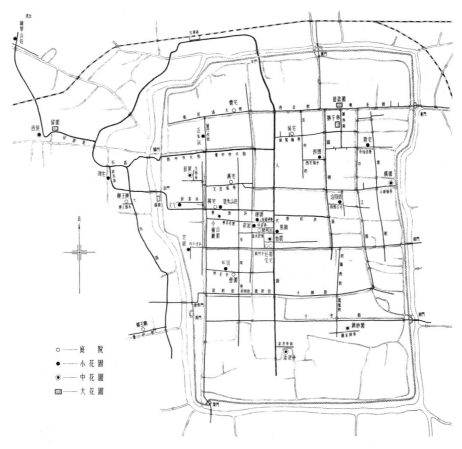

图2　苏州主要古典园林位置图[①]

---

①　编者注：为遵照底本，本书图片中文字均未改为简体。

享受，园林必使紧靠住宅，住宅又以水陆交通便利与接近商业中心为宜，因而形成上述情况。

根据调查，苏州现存的古典园林除属于名胜的沧浪亭和少数会馆、祠堂、佛寺等附设的园林以外，私家园林的数量占全数的百分之九十以上。从年代上看，沧浪亭可上溯到北宋中叶，狮子林始建于元末，艺圃、拙政园、五峰园、留园、西园、芳草园、洽隐园等创建于明中叶至明末之间。可是传世愈久，修改的次数也愈多，原来面貌所存无几，甚至已无法辨析。此外诸园，几乎全为清代所建，而又以清同治以后新建或改建的为最多。由于国民党反动派和日本帝国主义统治时期的毁坏，历史上留下来的这些园林，多数已半废或全废。中华人民共和国成立后，党和人民政府，采取了重点修整和一般维护相结合的办法，于1953年起开始抢修，陆续开放，作为劳动人民休息与游览的胜地。其中拙政园和留园已由国务院公布定为国家文物保护单位。

今天，苏州古典园林不论对保存文物和供劳动人民休息游览，或是总结过去有益的经验，发展我国园林艺术的优秀传统，都是很有价值的。毛主席教导我们说："我们必须继承一切优秀的文学艺术遗产，批判地吸收其中一切有益的东西，作为我们从此时此地的人民生活中的文学艺术原料创造作品时候的借鉴。有这个借鉴和没有这个借鉴是不同的，这里有文野之分，粗细之分，高低之分，快慢之分。所以我们决不可拒绝继承和借鉴古人和外国人，哪怕是封建阶级和资产阶级的东西。但是继承和借鉴决不可以变成替代自己的创造，这是决不能替代的。"（《在延安文艺座谈会上的讲话》）对待苏州古典园林，我们必须遵照毛主席的这个教导，正确地处理好批判与继承的关系。中华人民共和国成立以来，在造园工作中，一些园林吸收我国传统的园林艺术手法，因地制宜，规划成山折多致引人入胜的布局，亭榭、漏窗、铺地、装修等，推陈出新，做到既清新活泼，又有民族特色；某些公共建筑的庭院借鉴传统手法处理水池、曲桥、叠石和室外空间，形成优美的景面和活动场所；至于开池堆山，组成山水园景，或用叠石美化池岸、护坡等做法，也是传统叠石艺术的运用。这说明批判地吸取古典园林中有益的东西为社会主义园林建设服务，不仅是可能的，而且是必要的。但是我们也必须看到，苏州古典园林过去是为少数官僚地主服务的，它的规模较小，布局封闭拥挤，建筑物比重偏大，叠石过多等，都是私家园林的性质所带来的局限。一个时代的社会生产水平，对造园技术也有很大影响，因此决不可照抄照搬。今天，我国的社会主义园林在性质上和内容上已与过去根本不同，形式上也有了崭新的面貌，只要我们遵照"古为今用""推陈出新"的方针，正确处理好继承与创新的关系，将一定能把祖国的园林建设得更加丰富多彩。

布　局

　　过去麇居在苏州的官僚地主们既贪图城市的优厚物质供应，又想不冒劳顿之苦寻求"山水林泉之乐"，因此就在邸宅近傍经营既有城市物质享受，又有山林自然意趣的"城市山林"，来满足他们各方面的享乐欲望。

　　这种官僚地主的私园，在功能上是住宅的延续与扩大。为了享乐，园中常设有宴客聚友用的厅堂，小住起居用的别院，观剧听曲用的戏台，读书作画用的斋馆，以及坐憩游眺用的亭台楼阁等。所以，园内的建筑物较多，而园址总是紧靠于宅旁。

　　当然，官僚地主造园，更重要的是追求幽美的山林景色，因此除了上述建筑物，还要凿池堆山，栽花种树，用人工仿造自然山水风景（图3），以达到身居城市而享有山林之趣的目的。

　　此外，他们还常用园林之豪华来相互夸耀，园中山石的奇特，花木的名贵，亭阁、装修和家具的精美，都被用作沽名邀誉的手段。如留园因冠云峰而轰动一时，狮子林因奇峰阴洞而闻名，网师园以芍药见称于时，这种事例在当时是屡见不鲜的。同时，这些园主是封建文化的占有者，他们标榜清高，附会风雅，因而使书法、绘画、诗文也都成为园中不可缺少的装饰品。

　　在这种情况下形成的苏州古典园林，是一种既有居住功能，又有

图 3　拙政园中部

多种艺术的综合体。但要在一块不大的基地内，满足上述种种要求，就存在着在小面积内既要容纳大量建筑物，又要构筑自然山水的矛盾，这需要高超的造园技艺才能加以解决。在这方面，古代匠师们积累了丰富的经验，他们一方面创造了适应园林要求的建筑风格，把房屋、花木、山水融为一个整体。另一方面，则用"咫尺山林"再现大自然的风景。在造景中，还运用了各种对比、衬托、尺度、层次、对景、借景等手法，使园景能达到小中见大，以少胜多，在有限空间内获得丰富的景色。不过，由于历史条件的限制，上述造园手法仍不能根本解决空间封闭壅塞、建筑和山石过于密集的缺点。

苏州各园的具体布局方式，因规模、地形、内容的不同而有所差异。其中住宅内园林化的庭院多设在厅堂或书房前后，缀以湖石、花木、亭廊，组成建筑物的外景（图4~11）。小型园林基本上是上述庭院的扩大，或是在一个主要空间周围配置若干小院而成，不过半面较为复杂，景物也相应增加（图12~15），畅园、壶园就是此类小园林的代表（实例之畅园、壶园）。中型园林和大型园林景物更多，而

图4　铁瓶巷12号某宅庭院院景

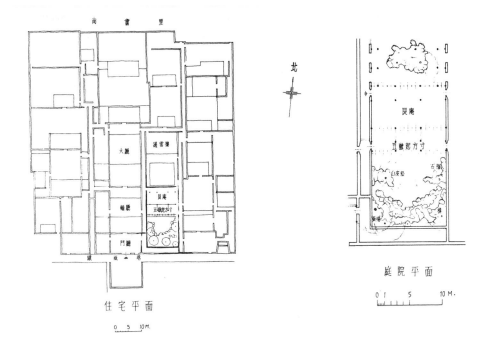

住宅平面

庭院平面

0　5　10 M.

图5　铁瓶巷12号住宅与庭院平面图

图6　铁瓶巷22号某宅庭院院景

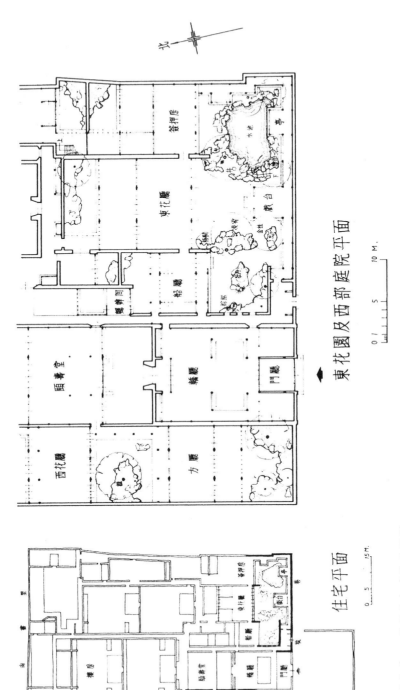

東花園及西部庭院平面

住宅平面

图 7　装瓶巷 22 号住宅与庭院平面图

图8　某宅庭院院景

图9　刘家浜某宅庭院

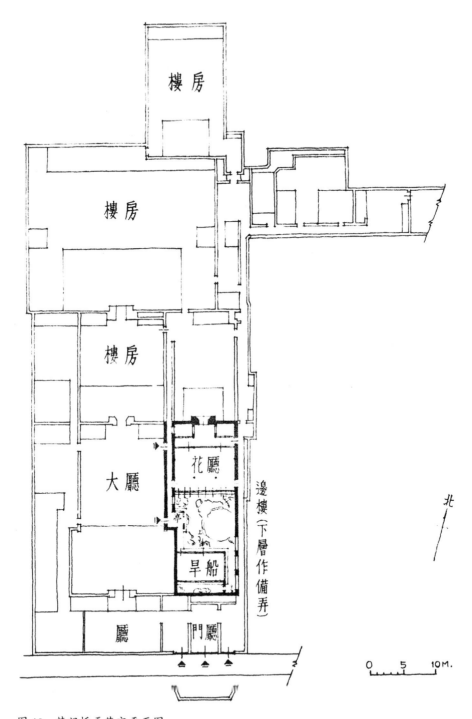

楼房

楼房

楼房

花厅

大厅

旱船

边楼（下层作备弄）

厅

门厅

北

0　5　10M.

图 10　梵门桥弄某宅平面图

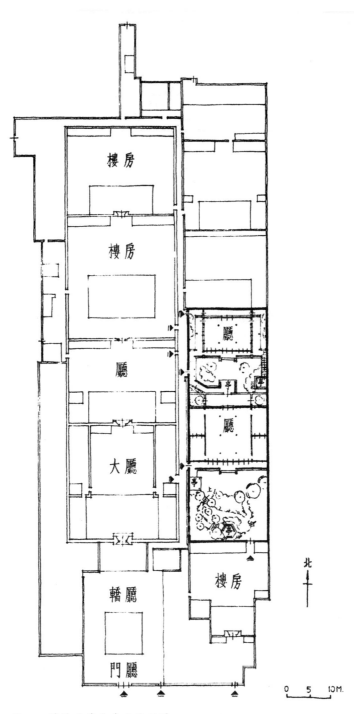

楼房

楼房

廳

大廳

廳

廳

樓房

轎廳

門廳

北

0　5　10M.

图 11　景德路某宅庭院平面图

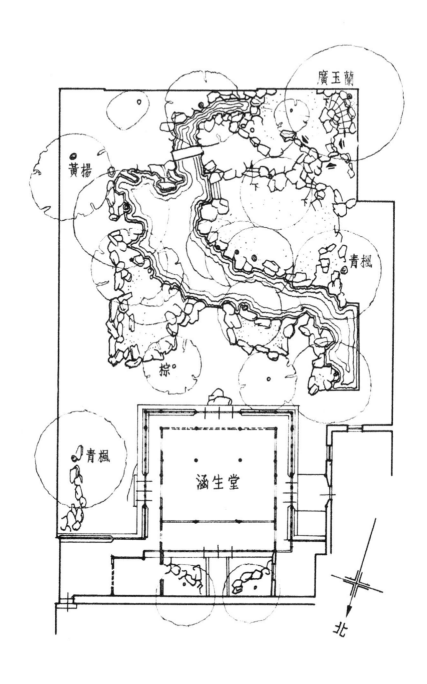

廣玉蘭

黄楊

青楓

棕

青楓

涵生堂

北

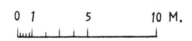

0 1　　　5　　　10 M.

图 12　刘家浜某宅庭院平面图

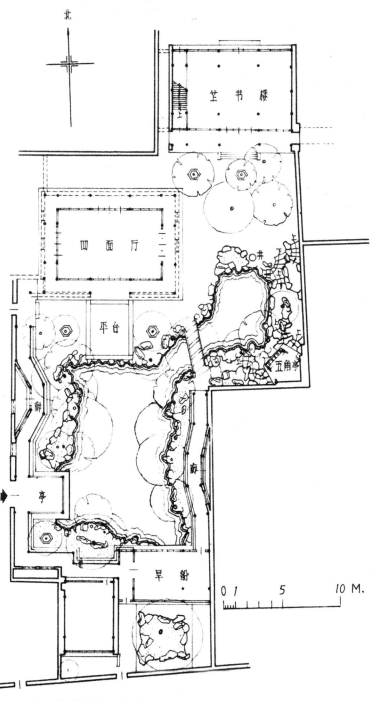

北

芝书楼

上

四面厅

平台

井

五角亭

廊

廊

亭

旱船

0 1　　　5　　　　10 M.

图 13　中由吉巷半园平面图

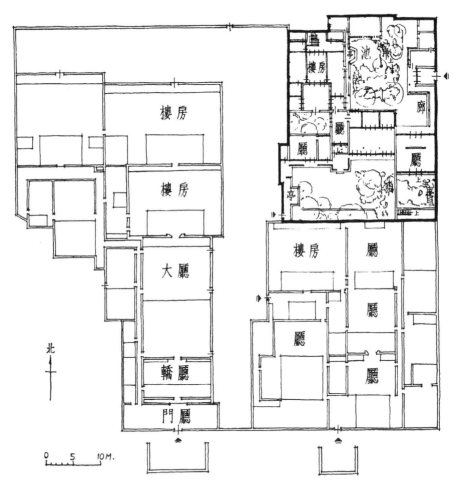

北

0　5　10M.

图 14　金太史场 4 号听枫园与住宅平面图

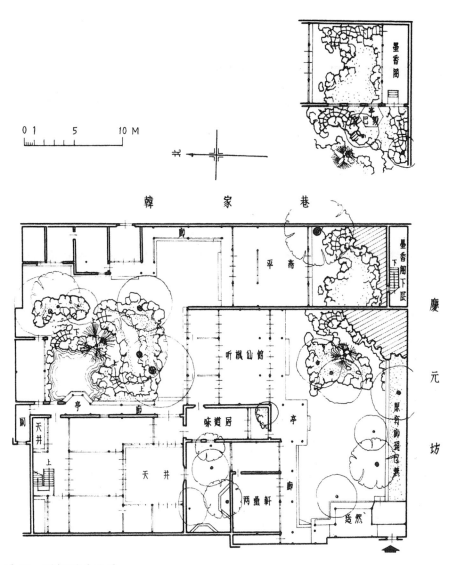

图 15　听枫园平面图

且往往单独使用，因此另设园门直通街衢①（实例之拙政园、留园、网师园、怡园、耦园等），它们的基本布局方式是：以厅堂作为全园的活动中心，面对厅堂设置山池、花木等对景，厅堂周围和山池之间缀以亭榭楼阁，或环以庭院和其他小景区，并用蹊径和回廊联系起来，组成一个可居、可观、可游的整体。

下面根据现存的园林实例，对若干布局手法进行分析和探讨。

（一）景区和空间

为了在有限的面积内构成富于变化的风景，苏州古典园林在布局上，采取划分景区和空间的办法。规模较大的园林都把全园划分为若干区，各区都有风景主题和特色，这是我国古典园林创造丰富园景和扩大空间感的基本手法之一，不仅苏州古典园林如此，帝王苑囿如圆明园、颐和园、承德避暑山庄等也莫不如此。不过景区的划分宜主次分明，曲折开朗配合，使之富有变化和对比，既丰富又不琐碎。由于一般山池所占面积较大，如把主要山池所在的一区作为全园的主要景区，再在周围配以若干次要景区，就不难达到上述效果，现存苏州各园基本上都运用了这种手法。同时，园中主景区也宜侧重某一方面，或以山取胜，如环秀山庄；或以水见长，如网师园、拙政园，各能突出重点而形成特色。园林不论大小，如能做到这一点，即使其他方面略有缺点，仍可给人以深刻的印象。如沧浪亭的假山，箬竹茂密，林木森郁，山景较为突出（实例之沧浪亭）。否则有山不见其高，有水不见其广，必致散漫而无中心。以假山为例，环秀山庄的假山比怡园

---

① 宋时官僚地主的园林已有对外开放的记载（《古今图书集成》一百二十三所引《元城语录》关于洛阳司马光独乐园的记载）。清代苏州这种风气更盛，道光十年（1830）顾铁卿撰《清嘉录》"三月游春玩景"条："春暖，园林百花竞放，阖人索扫花钱少许，纵人游览，上下无禁，罢绮如云，园中肴蔬珍禽异卉，妆点一新。"又同治三年（1861）袁学澜《苏台揽胜词·春日游吴中诸家园林诗并序》："豪门右族，争饰池馆相娱乐，或因或创，穷汰极侈，春时开园，纵人游赏，……恒弥月不止焉。"

小，却能给人以气势磅礴的印象。同为水池，网师园的水面不过怡园二分之一左右，看来却较辽阔（实例之网师园、怡园），不是山池本身如何高大，而是采取了主题突出的手法，因此能获得小中见大的效果。另一方面，主题突出和多样化必须统一起来。苏州古典园林的主景区，通常以山水为主题，但其他较小的景区则有多样的题材：有以花木为主的，如牡丹、荷花、玉兰、桂花、枫林、竹丛等；有以水景为主的，如水院、水廊、水阁等；有以石峰为主的，如揖峰轩、拜石轩、揖峰指柏轩等；也有以峰石、花木、水池等混合而成的例子。其中以石峰为主的庭院又较多，这是由于石峰姿态变化多，峙立中庭或屋前，容易出奇制胜，所以从南北朝以后，一些官僚文人热衷于追求奇石[1]。至清末，在不易获得整块石峰时，还用小石块拼堆而成。当然，大小景区不仅在主题上求其变化，而且在环境陪衬、建筑物的形式和高低大小等方面也要相应配合，才能使园景瑰丽，丰富多彩。

　　为了适应厅堂楼馆的不同要求和各景区的不同景物，园内空间处理也有大小、开合、高低、明暗等变化。一般说，在进入一个较大的景区前，有曲折、狭窄、晦暗的小空间作为过渡，以收敛人们的视觉和尺度感，然后转到较大的空间，可使人觉得豁然开朗。所以在进入园门以后用曲廊、小院作为全园的"序幕"，以衬托园内主景，是各园常用的办法。留园从园门到古木交柯一带或从住宅进入鹤所到五峰仙馆附近的处理，就收到了这种效果（图16~18、603、

图 16　从留园古木交柯漏窗望山池

① 见《南史·到溉传》，《唐书·牛僧孺传》，《古今图书集成》一百二十三所引《贾氏谈录》李德裕平泉庄，《宋史·米芾传》，近人杨复明《石言》所引有关李德裕、牛僧孺、白居易、苏轼、米芾等人爱好奇石的记载。

图 17　从留园五峰仙馆后院漏窗看园景

图 18　从留园鹤所空窗看院景

610~613、615、616）。其他如网师园从小山丛桂轩经曲廊、庭院而到达濯缨水阁前面，狮子林由燕誉堂经小院曲廊到中部，都是这类例子。这种欲扬先抑的办法，除用于园林入口处外，也可见于其他地方，如留园从曲溪楼到五峰仙馆之间插入一些小巧的轩廊，从五峰仙馆到林泉耆硕之馆之间又有若干曲折幽深的小庭院作为过渡等（图593）。

　　苏州古典园林划分空间的手段是多样的，有墙、廊、屋宇、假山、树木、桥梁等（图19~22）。其中假山和树木的形象比较活泼，建筑物则较严整，交叉使用各种手段，使景面有开有合，有虚有实，空间相互穿插通透，这就增加了风景层次和深度，拙政园中部就是这类的代表。不过小面积的园林不可能大量使用山林来划分空间，只能较多地利用院墙和廊房，许多地方甚至全部采用墙廊房屋围成院落，这就往往使空间过于封闭。为了克服这种毛病，就要使空间不完全隔绝，或留有缺口，或用通间落地长窗使室内外空间打成一片，或径用敞轩、敞亭、敞廊，或用洞门（又称地穴）、空窗（又称月洞）、

图19　拙政园中部用云墙、假山、树木划分空间

图 20　留园中部用云墙、曲廊划分空间

图 21　留园中部花墙分隔庭院

图 22　拙政园小飞虹廊桥分隔水面

图 23　由留园林泉耆硕之馆内望院景

漏窗等，使空间形成半隔半连的状态（图23）。网师园竹外一枝轩（图24）、留园石林小院（图614）附近的庭院和拙政园小沧浪水院一带（图139~141），是这类空间处理的典型。花木配植和修剪也需适应这种要求，凡是不作分隔或遮蔽用的树木，多用高干乔木和贴地花草，以免阻挡视线与梗塞空间，这一点在厅堂亭阁等建筑物前面尤为明显（图25）。

图 24　网师园竹外一枝轩

图 25　拙政园远香堂前景面

（二）观赏点和观赏路线

园中景物，需要有一条或几条恰当的路线把它们联系起来，才能发挥应有的效果，否则园景虽好，也难于被人充分领受。因此只有在布局中处理好观赏点和观赏路线的关系，才能使人们游览时，犹如看到连续的画卷不断展现在眼前。

园中厅堂过去是官僚地主们活动集中的地方，也是全园的主要观赏点，多设在主要山水景物之前，采取隔水对山而立的办法。其他一些观赏点则绕水环山而设。如拙政园、留园中部、网师园是绕水设点，环秀山庄则是环山设点，具体做法要看园林主题而定。观赏点的布置要因地势高低和位置前后，或登山，或临水，或开阔明朗，或幽深曲折，以便形成多样变化。高视点利于远借园外风景和俯瞰全园，低视点贴近水面，因水得景，所以各园的旱船一般都比地面降低一两步，水阁也力求使室内地面降低。从拙政园中部各主要观赏点高低错落的情况中，可以得到一个具体印象。[①]

苏州古典园林中，观赏点和景物之间的距离一般都不大，这固然由于园林面积的限制，但也由于园中常以假山作为主要对景，而通常假山高度都不超过7米，若视距过大，山石就显得低小，所以大都采用12~35米的距离[②]。湖石峰宜近看，多放在小空间内，以石峰为主景的地方，观赏距离大都在20米以内。

园中厅堂除正面的主要对景外，其他几面也力求有景可看。四面厅就是周围门窗可以敞开，四面都可观景（图26~29）。鸳鸯厅和一

[①]　拙政园中部各主要观赏点地面的相对标高如下（以1962年某日园中水面标高为±0.00米）：远香堂室内1.91，室外平台口1.60，旱船香洲前平台0.96，见山楼地面0.91，小沧浪1.10，西半亭1.15，雪香云蔚亭前地面4.63，待霜亭前地面4.47，梧竹幽居1.71，荷风四面亭1.50，绣绮亭4.51。

[②]　苏州各园主要观赏点至主景之间的距离（米）：拙政园远香堂至雪香云蔚亭34，留园涵碧山房至可亭35，怡园藕香榭至小沧浪32，狮子林荷花厅至假山18，网师园看松读画轩至濯缨水阁及黄石山31，沧浪亭明道堂至沧浪亭13，环秀山庄自西侧廊子至主峰12。

图 26　拙政园远香堂南面对景

图 27　拙政园远香堂北面对景

图28　耦园山水间水阁北面对景

图29　耦园山水间水阁西面对景

般厅堂除在前后组织景面外，两侧墙上也往往开若干窗孔，或用门窗、挂落组成景框（图30~31）。

观赏路线对园景的逐步展开起着组织作用。在苏州古典园林里，观赏路线常有两种情况：一是和山池对应的走廊、房屋、道路；一是

图 30　拙政园香洲门窗框景

图 31　从留园明瑟楼望东北园景

登山越水的山径、洞壑和桥梁等。较大的园林都是综合这两部分而成的。其布置形式多采用环形路线，最简单的是绕山池一圈，如环秀山庄，无论从西南曲桥转入谷中或从西北经补秋舫转南登山，都是同一路线（实例之环秀山庄）。但是绝大部分园林都在环行路线中间再加若干条登山越水的路线，小如畅园，除园周一圈廊房外，池面横架曲桥，可从桐华书屋直趋涤我尘襟（实例之畅园）。大如狮子林，除廊房周匝环行一圈以外，横绝山池还有山径和桥梁穿插其间，以求从各个角度去观赏园景。尤其是山上的小径，都较迂回曲折，以展延其长度，争取更多的游览机会。而外圈的环行路线则尽量靠近界墙，目的是充分利用空间，而且常建为逶迤曲折的长廊，以便游览时免受雨雪和烈日的侵凌。从造景上看，这些曲廊起了遮蔽界墙的作用，可避免一览无余的缺陷。

观赏路线的展开，或高而登楼上山，或低而过桥越涧，或处境开朗，或较为封闭，或可远眺，或可俯瞰，或室内或室外，使所处的环境和景色富于变化，各有特点。以假山上的山径而言，环秀山庄假山上的路线虽然远较狮子林为短，但由于处理得有变化，形成了深涧绝谷、峭壁危峰等丰富的境界；狮子林山上虽有十余条路线、二十余处山洞，但由于处理方式千篇一律，所以显得单调，缺乏自然意趣。

（三）对比和衬托

对比是艺术创作中不可缺少的手法，园林也不例外。苏州古典园林在景物的疏密，空间的开朗和幽曲，峭拔的山石和明净的水面，工巧的房屋和自然的林木，以及虚实、明暗、质感、形体等方面，都经常运用对比手法（图32~35）。

例如在总体布局上，从一区转入另一区时，空间和景物不断变换，产生对比作用，使人遍历全园后，觉得内容丰富。厅堂一面是水面，另一面布置山石花木，也能获得对比效果，拙政园、留园、怡园

图 32　网师园竹外一枝轩窗景

图 33　网师园曲廊

图 34　网师园水池东北角园景

图 35　狮子林小方厅窗景

等无不做如此处理。网师园则以小山丛桂轩前后的小院与山石和中部水池产生对比。在同一空间内也多利用树木、山池和房屋形成对比，例如水池一面为山石，另一面为屋宇，这种布置既符合功能和观赏的要求，在构图上又收到了对比的效果。拙政园中部池中葱郁的二山与池南岸远香堂、香洲一带的对照，留园中部山池和涵碧山房、曲溪楼一带的掩映，便是这类例子。

利用衬托手法突出主题，在造景中运用得也颇为广泛，它能够收到主次分明、小中见大的效果。以低衬高，则原来的体量显得更宏伟；以淡衬深或以深衬淡，可使景物轮廓格外鲜明；以暗衬明，则明处益发瑰丽灿烂。苏州古典园林里常见的办法有：用建筑物和白墙来衬托花木、石峰；用平净深碧的池水衬托峥嵘的石山；用低浅曲折的池岸、平直简洁的桥梁和透空小巧的亭榭衬托水面的开阔等。

湖石峰要有适当衬托才能显示它的姿态与轮廓，狮子林假山上未必无好石峰，但全被零乱琐碎的山体所掩没，不能发挥其作用。所以石峰宜于用简洁的背景，"粉墙为纸，以石为绘"①的办法，在苏州各园里用得相当普遍，形成了许多小景画面（图467~470、476）。留园冠云峰用冠云楼的深色门窗和屋顶衬托石峰轮廓（图130），则是另一种处理方法。有些地方用深色的竹树衬托石峰，同样收到较好的效果。好花翠竹都要有适当的环境烘托，或以淡衬深，或以深衬淡，才能显示其色彩和姿态。在湖石假山或者黄石假山下面，用清澈的池水环绕，可衬出山体的峭拔，如环秀山庄假山下的一湾清溪，就是这类例子。艺圃池南的假山，除水面外，更有贴水而行的石径和曲桥作陪衬，也是成功的办法（图751）。网师园中部水池周围的池岸、建筑物、花木能恰当地发挥陪衬作用，所以池面虽小而能产生辽阔的感觉（图687）。可见，衬托应有主题，用次景来烘托主景，但衬托也

---

① 计成《园冶》八"掇山、峭壁山"条。

是交互的，需要把两个方面都处理得恰如其分，使主次各得其宜。

在处理对比和衬托关系中，掌握尺度是很重要的，在小面积园林里，这个问题尤为突出。为了使空间感到开阔，房屋的体量应避免过于高大。厅堂虽是园内的主要建筑，但也不能喧宾夺主，与山池失去应有的比例，而应使厅堂的尺度和所处的空间大小相适应。拙政园西部三十六鸳鸯馆就因体形过大，和山池尺度不相称，产生局促逼隘的缺点。网师园的厅堂则退于假山之后，是较好的布置。临池楼阁，或使体态轻巧，如拙政园征观楼、留园明瑟楼；或使居于园中一角，如留园曲溪楼；或在楼前用低小透空的建筑作过渡，如网师园集虚斋。拙政园见山楼位于池中，所以尽量降低地面和层高①，而且位置偏于池西北一隅。山池周围其他轩榭、走廊、桥梁、池岸都不用长直的体形，而是采取曲折起伏、化整为零的办法，以免同山水相争。山上亭子尤宜小巧玲珑，否则假山就如亭子的基座，不可能产生雄奇峭拔的气魄。怡园的螺髻亭对径仅二米，留园的可亭、拙政园山上诸亭的尺度都掌握得比较恰当，为山景起了画龙点睛的作用（图36~37）。由于各园规模大小不同，建筑物的尺度也有出入，网师园亭阁轩馆的尺度就普遍比拙政园为小，可见古代建筑匠师的尺度感是敏锐的。在树木配植上，比较重视单株观赏，又常用慢生的树木来点缀院角庭边，或用大盆景作为院景，也是考虑到园林空间的尺度。拙政园中部池中土山用低矮的竹丛作为基调，沧浪亭用箬竹被覆假山，都是掌握尺度较好的例子。

（四）对景与借景

苏州古典园林通常在重要的观赏点有意识地组织景面，形成各种对景，但不同于西方庭园的轴线对景方式，而是随着曲折的平面，步

---

① 地面标高在该园中部各建筑物中为最低，底层净高2.63米，楼层檐口高2.20米。

图 36　留园中部可亭

图 37　拙政园中部待霜亭（北山亭）

移景异，依次展开。这种对景以道路、走廊的前进方向和一进门、一转折等变换空间处以及门窗框内所看到的前景最为引人注意，所以沿着这些方向构成对景最为常见。例如拙政园中部从枇杷园通过圆洞门"晚翠"望见池北雪香云蔚亭掩映于林木之中，以及自西部扇面亭望门洞外的倒影楼等景物，都是这类手法（图38~43）。除正面对

图 38　由拙政园枇杷园北望雪香云蔚亭

图 39　拙政园西部扇面亭框景

图 40　由晚翠外望枇杷园内嘉实亭

图 41　网师园梯云室入口对景

图 42　由拙政园倒影楼望宜两亭

景之外，在走廊两侧墙上开若干窗孔和洞门作为取景框，行经其间，就有一幅幅连续的画面出现，留园鹤所一带就是这类例子。厅堂楼阁是观景的重要地点，在这些建筑物前布置山水、竹石、花木、亭榭等

图 43　由拙政园宜两亭望倒影楼

组成对景就显得更为重要。当然，对景是相对的，园内的建筑物既是观赏点，又是观赏对象，因此往往互为对景，形成错综复杂的交叉对景。

借景是我国古典园林丰富园景的一种传统手法。拙政园从绣绮亭和梧竹幽居一带西望北寺塔（图44）；沧浪亭看山楼远借西南群山和北面曲廊亭榭近借园外水面；留园西部山上二亭远借虎丘、西园寺和西南远山，冠云楼借虎丘塔等，都是借景的实例（图45）。拙政园西部宜两亭原属补园，是登高而望拙政园的邻借法（图46~47）。不过苏州各园大都位于市区，只能采取有景则借，无景则蔽的办法，如马医科巷楼园，地处高阜，居高临下，四望全是起伏的屋顶，所以在东南角叠假山，其余三面缭以廊房，借此作为屏障。园中水池不让荷花、睡莲任意蔓延，留出水面，使天空云霞、山林亭榭映于水中，无异为园内增加了空间和景物，这是很好的"俯借"法。

（五）深度和层次

苏州许多园林强调幽深曲折，所谓"景贵乎深，不曲不深"，讲的就是这种手法，因为曲折的布局可以增加园景的深度，避免一览无

图 44　拙政园远借北寺塔

图 45　留园舒啸亭远借西园寺

图 46　拙政园西部宜两亭邻借中部景物

图 47　由拙政园中部看西部宜两亭

余的弊病。自然式山水风景园必然产生不规则的平面，山池、道路、走廊、云墙等，蟠曲迂回，也利于造成曲折的布局。为了增加园景深度，多数园林的入口处设有假山、小院、漏窗等作为屏障，适当阻隔视线，使人隐约看到一角园景（图16），然后几经盘绕才能见到园内山池亭阁的全貌。园内对景，不论动观的或静观的，也都不用捷径直趋的方式，而要迂回一番之后才能达到。园内空间一环扣一环，庭院一层深一层，这都是在总平面布置中求其深度感的办法。

空间互相穿插贯通是增加园景深度和层次的重要手段。相邻空间之间成半隔半开状态，使房屋山林相互衬托，互为借景，可以形成丰富的层次。拙政园中部和留园中部都是层次深远的良好例子，前者空间多开而少隔（图48~49），后者以庭院为主，少开而多隔（图50），形成两种不同的效果。墙边院角，用走廊划出小院，疏点树石，或透过门洞窗洞看到芭蕉、竹丛、树木、湖石，都是增加深度和层次的常用手法。

屋后山后用高树、竹林、楼阁等穿插其间作为背景，使房屋山林向上层层推远，可以造成景外有景的印象。留园中部从涵碧山房前西望土山，在树石亭廊后面还有枫林作背景，层次重叠高远（图51）；而由此北望，虽是园中主景，但山后别无他物衬托，因此景色浅近而少层次。网师园竹外一枝轩后面是集虚斋，二者之间插入小院和竹丛，增加了景面层次（图52）。有些园林厅堂前的湖石花台，采用苏州郊区山地"鱼鳞坎"①的布置，使花木逐层向上推远，是处理花台层次较好的办法。

以上是对几个较有代表性的布局手法进行分析探讨，其他如因地制宜，变化与统一等等，不再一一备述。

_____

① 苏州郊外洞庭东山一带果农依山势筑不规则形状的梯田，形如鱼鳞，当地称为"鱼鳞坎"。

图 48　拙政园中部小沧浪水院鸟瞰

图 49　拙政园中部园景

图 50　自留园西部土山邻借中部园景

图 51　留园中部西南一角

图 52　网师园中部鸟瞰

理　水

　　自然风景中的江湖、溪涧、瀑布等，具有不同的形式和特点，这是我国古典园林理水手法的来源。古代匠师长期写仿自然，叠山理水，创造出自然式的风景园，并对自然山水的概括、提炼和再现，积累了丰富的经验。苏州位于江南平原地区，河港纵横，地下水位较高，便于开池引水，因而多数园林以曲折自然的水池为中心，形成园中的主要景区（图53~54）。同时，在雨量较多的苏州一带，掘地开池还有利于园内排蓄雨水，并产生一定的调节气温、湿度和净化空气的作用，又为园中浇灌花木和防火提供了水源，因此，水池成了苏州古典园林中所常具的内容。

　　在组织园景方面，以水池为中心，辅以溪涧、水谷、瀑布等，配合山石、花木和亭阁形成各种不同的景色，是我国造园的一种传统手法。这是由于明净的水面形成园中广阔的空间，能够给人以清澈、幽静、开朗的感觉，再与幽曲的庭院和小景区形成疏与密、开朗和封闭的对比，为山林房屋展开了分外优美的景面，而池周山石、亭榭、桥梁、花木的倒影，以及天光云影、碧波游鱼、荷花睡莲等，都能为园景增添生气。因此环绕水池布置景物和观赏点，久已成为苏州古典园林中最常见的布局方式（图55~56、603、657、687）。较大的园林，水池还往往支流纡回盘曲，形成许多小区景。有些园林更有溪

图 53　拙政园西部水池

图 54　拙政园中部水面

图 55　拙政园中部池岸景物

图 56　拙政园中部水池

涧、水谷和瀑布等。

（一）池面处理

园中池面宜于有聚有分，聚分得体。聚则水面辽阔，有水乡弥漫之感，虽人工开凿，也宛若自然，如网师园的水池，池面集中，池岸廊榭都比较低矮，所以给人以开阔明朗的印象。分则潆回环抱，似断似续，和崖壑花木屋宇互相掩映，构成幽曲的景色，如拙政园的水面被池中二山及房屋、曲桥、竹丛、树木等划分为几部分，而以远香堂北面池水为中心，水面流通环回，空间层次重重，景物深远不尽，自梧竹幽居西望（图559），或自小沧浪北望（图536），或自荷风四面亭看香洲和倚玉轩（图554），都有这种效果。不过聚分之间，须依园之大小斟酌处理，大抵小园聚胜于分，大园虽可多分，仍宜留出较大的水面使之主次分明。

水池的形式和布置方式，要因地形、池面大小和周围环境，因地制宜地处理。大致是庭院和小园林多做简单形状的水池，周围点缀若干湖石、花木和藤萝，再在池中养鱼、植睡莲等，如畅园、壶园（实例部分）。中型园林一般采取山池、花木和房屋综合处理的方式，但因面积不大，池面处理仍以聚为主，以分为辅，在水池一角用桥梁、水口等划出一、二小面积的水湾，或叠石成水涧，造成水源深远的感觉，网师园即是这类例子。狭长的水池也是中、小园林中比较常见的一种形式，但各园布置方式不同，壶园、畅园、鹤园及半园都在水池一端架桥，将水面分为主次两部分，以增加层次和变化。怡园则以曲桥和水门将水池分为三部分（图57），形状狭长曲折，不但主次分明，而且能配合水面的大小，将山石花木与厅堂、旱船等组织成不同的风景。在以假山为主题的园林中，往往用狭长如带的水池环绕于山下或伸入山谷，以衬托山势的峥嵘和深邃，使山水相得益彰，环秀山庄就是这种例子。

图 57　怡园水门

面积较大的园林如拙政园和狮子林，由于园内分为若干不同的景区，故以形状富有变化的水池串连各景区，成为既有主次又有变化的统一体。其中拙政园在主池以外，或以支流潆回于亭馆山林之间，或导为水院，更觉变化较多。该园中部的水面仅占园内面积的五分之二，可是由于布置得当，却富有江南水乡气氛（图54）。

此外，还有个别园林将水池置于山洞中，如洽隐园的小林屋洞，洞中积水为池，有曲桥导入洞内，较为别致（图119），再如小灵岩山馆，于池北建大小二水洞相连，也是少见的做法。

总之，苏州诸园水池形式各异（图58），而以狭长形占多数，因为这种形状的水池从纵长方向来看，不但风景有层次，而且在池水交汇的水口和转折之处，以桥梁作为近景或中景，可使园景更为深邃。

在苏州古典园林中，划分水面的方法常因池面大小而不同。水面宽广，可用岛屿来划分，如拙政园中部和留园中部池中小岛。其中拙

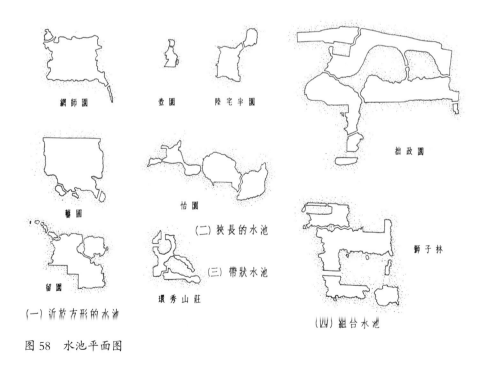

网师园　　　查园　　　陆宅半园

拙政园

艺园　　　　怡园

（二）狭长的水池

（三）带状水池

留园

环秀山庄

狮子林

（一）近於方形的水池

（四）组合水池

图58　水池平面图

政园二岛之间仅隔一水峡，既分而又有联系，互相掩映而有层次。由于私家园林面积所限，除上述二例外，其余一般用桥来划分池面。这种方法可使空间割而不分，比较适合于在小水面上采用。此外，也有采用水门（如怡园）、亭（如狮子林）、房屋（如拙政园小沧浪、小飞虹）等来划分水面的，但毕竟属于少数。

池上架桥，通常位于水面较窄之处，以梁板式石桥为多。平面自一、二折至三、四折不等（图59~70）。这种石桥的形式，除配合江南园林的风格多采用水平线条外，还考虑桥身与水面的关系，其高低每视池面大小而定。如拙政园诸桥因池水开阔而桥身空透，能使水面空间互相贯通，达到似分非分和增加层次、产生倒影等效果（图56）。小水池则桥面贴水而过，既便于观赏游鳞莲藻，又能使人感到池水比实际更为广阔（图64、68、687），如附近有假山、岩壁，则更可衬出山势的峥嵘。艺圃、网师园、狮子林池中的曲桥，西园池中与八角亭联系的曲桥，离水面都较近，便是这类例证。桥上栏杆多于石墩上加水平石条，比例低平，形象简洁轻快，比铁栏杆较能与环境相协调（图56、67、69）。有的还在石板桥上叠湖石为栏杆，如慕园（图63、70）。木桥不多见，拙政园香洲南侧的石板木栏小桥是一变例（图65）。该园小飞虹是苏州诸园中唯一廊桥，在组织园景方面既分隔了空间，又增加了层次和景深（图66）。圆拱桥也不常用，原因是桥身较高，不易和池水面积相称，所以常位于不显著处，并以一孔为限，如网师园的小拱桥，位于池之一角，效果就较好（图67）。平弧形石桥可能是明代传统式样，孤例唯见于艺圃（图68）。池水狭窄处还可用步石代桥，实例仅存于环秀山庄涧谷中（图71）。此外还可用黄石或湖石叠为拱桥，并植藤萝，给人以既是假山，又是桥梁的感觉，如狮子林的叠石拱桥小赤壁（图72），形如水谷崖洞，就是一例。

图 59　拙政园远香堂南水池与桥

图 60　留园石板桥

图 61　环秀山庄曲桥

图 62　留园清风池馆南侧小桥

图 63　慕园湖石栏杆

图 64　畅园条石栏杆

图 65　拙政园香洲小桥木栏杆

图 66　拙政园小飞虹廊桥

图 67　网师园小石拱桥

图 68　艺圃弧形石板桥

图 69　拙政园石桥

图 70　慕园水池与石桥

图71　环秀山庄步石

图72　狮子林小赤壁

（二）池岸处理

自然形成的池岸，平原地带多为平缓的土坡，至于山中的溪流深潭，则有岩壁、石矶或断崖散礁等。苏州古典园林，取法自然，水池有土岸，也有石岸。据明代文徵明所绘《拙政园图》（图530），可知明时拙政园土岸多而石岸少，但是土岸易被雨水冲刷而崩塌，因此目前苏州各园土岸极少，多数叠石为岸，或间用石壁、石矶与整齐的驳岸，或临水建造水阁、水廊等，以便使池岸有多样变化，不至于呆板单调。

1. 叠石岸

　　沿池布石是为了防止池岸崩塌和便于人们临池游赏，但处理时还必须与艺术效果统一。苏州各园中的叠石岸无论用湖石或黄石，凡是比较成功的，一般都掌握了石材纹理和形状的特点，使之大小错落，纹理一致，凸凹相间，呈出入起伏的形状，并适当间以泥土，便于种植花木藤萝（图73~75）。网师园池南及池西北石岸，在临水处架石为若干凹穴，使水面延伸于穴内，形同水口，望之幽邃深黝，有水源不尽之意，而整个石岸高低起伏，有的低于路面，挑出水面之上；有的高突而起，可供坐息，是黄石池岸中处理较好之例（图76~78）。环秀山庄在临水假山脚下挑出巨大的湖石，宛如天然水洞，也是成功的手法（图79）。总之，叠石池岸不宜僵直，尤不能太高（图

图73　拙政园中部黄石岸与芦苇

图 74 拙政园黄石岸

图 75 温家岸某宅园中池岸

图 76　网师园西北角黄石池岸

图 77　网师园池东黄石岸

图 78　网师园池南黄石岸

图 79　环秀山庄湖石水口

80~81），否则岸高水低如凭栏观井，和凿池原意无异背道而驰。

　　为了便于临近水面取水浇灌花木，叠石池岸常有自然式踏步下达水面（图82）。这种踏步也有利于造成池岸形象的变化。

图 80　天平山高义园水池叠石岸

图 81　艺圃池南石岸

图 82　网师园池边踏步

2.石矶

苏州大小园林中池岸常有石矶（图83~86），大致有两种形式：小型的仅以水平石块挑于水面上，如装驾桥巷残粒园（图811）、网师园水池北岸（图76），以及拙政园荷风四面亭一侧（图83）；大型的以崖壁与蹬道等作背景，叠石如临水平台，与崖壁形成横与竖的对比，并使崖壁自然地过渡到池面，如拙政园雪香云蔚亭南侧石矶（图85）。

3.驳岸

驳岸造型单调，不宜多用，因为无论用条石、乱石或虎皮石砌筑整齐的驳岸都与园景难以调和，但在某些部位，如房屋和平台的临水部分，往往须用石驳岸。而普遍采用自然式叠石池岸，所需湖石或黄石数量很大，施工也较复杂，因此驳岸成了开池理水无可避免的内

图83　拙政园荷风四面亭旁石矶

图 84　狮子林石矶

图 85　拙政园中部石矶

图86　网师园池东石矶

容。砌筑驳岸时石材形体和石缝处理能否得当，对于园景产生不小影响。在造型上，条石石缝呈水平状，易与水面及房屋相配合，自较乱石及虎皮石驳岸为佳，唯费工较多。环秀山庄补秋舫的驳岸为了与左右石壁相呼应，在条石间嵌砌若干湖石，是一种较为生动的做法。

4．土岸

为了防止泥土崩塌，土岸坡度不能太陡，所占面积自然较大，因而小规模的园林很少采用。如果园林面积较大，处理得当，土岸也会收到很好的效果，如拙政园中部池中土山两侧土岸边芦苇丛生，北侧林木茂密，景象自然生动，颇具江南水乡特色，是现存苏州古典园林中难得的土岸实例（图572）。此园假山东南土岸叠石一、二层，配以林木竹丛，有紫藤舒展探伸于水面之上，既保护土岸，又增添山林景色，是一举两得的处理（图87~88）。

图 87　拙政园东部池西土岸与树丛

图 88　拙政园池岸紫藤

（三）其他

1. 瀑布

苏州位于平原，本无瀑布可言，但旧日园林往往设法制造人工瀑布。如环秀山庄西北角假山，利用屋顶雨水，流注池中，略有瀑布之意，唯已年久颓毁。该园另一小"瀑布"在东南角假山上，于石后设水槽承受雨水，由石隙间宛转下泄，仅夏季暴雨时如昙花一现。狮子林问梅阁屋顶置水柜，其北累石为瀑布四叠（图89），但水柜不常开，不过聊备一格而已。

2. 溪流与水涧

天然溪水以盘曲迂回、树木掩映、时隐时现者为自然。留园西部小溪虽缺乏盘曲变化，却能利用树木造成幽深断续的效果。此园中部西北角的水涧，两岸叠石较好，涧口设一小岛，增加了水涧的层次与深度（图619）。狮子林修竹阁后部的水涧，两侧石岸错落有致，水面曲折幽深（图90）。网师园东南角小涧（图91），叠石不多，却能造成源头深远，余意不尽的印象。

3. 池底水井与泉水

苏州古典园林中环秀山庄的飞雪泉（图759）与网师园的涵碧泉都是天然泉水。此外拙政园西部、狮子林、怡园、听枫园、畅园、鹤园、壶园等处水池内都掘有一定深度的水井，与地下水相通，在亢旱不雨时，池水不至完全干涸。同时井水冬天温暖，可供鱼类过冬。此外如网师园、西园、耦园等园内水池与园外河道相通，有利于保持池水清洁。有的还设有水闸，用以调节水流，但主要供夏季池水高涨时向外排水。狮子林水池则在复廊南侧设阴沟管与园外下水道相接，当池中水位过高时可向外宣泄。

图 89　狮子林瀑布

图 90　狮子林修竹阁后水涧

图 91　网师园水涧

叠　山

　　我国自然风景式园林在西汉初期已有了叠石造山的方法。[①]经过东汉到三国，造山技术继续发展。据《后汉书》记载，梁冀"广开园囿，采土筑山，十里九坂，以象二崤，深林绝涧，有若自然"[②]。曹魏的芳林园具有"九谷八溪"[③]之胜。可见汉魏间园林已不是单纯地模仿自然，而是在一定面积内，根据需要来创造各种自然山景了。两晋南北朝时，士大夫阶层崇尚玄学，虚伪放诞，以"逃避现实"、爱好奇石、寄情于田园山水之间为"高雅"，因而当时园林推崇自然野趣，成为一种风习[④]。这是在汉魏园林的基础上，对自然山水进行了更多的概括和提炼，然后才逐步形成起来的。唐、宋两代的园林，由于社会经济和文化的发展，不但数量比过去增多，而且从实践到理论都累积了丰富的经验，同时还受到绘画的影响，使叠石造山逐步具有中国山水画式的特点，成为长期以来表现我国园林风格的重要手法之一。这样的假山，其组合形象富于变化，有较高的创造性，是世界上其他国家的园林所罕见的。这是由于古代匠师们，从无数实物中体

[①]　《西京杂记》卷二、卷三，《三辅黄图》卷三。

[②]　《后汉书》列传二十四《梁冀传》。

[③]　《水经注疏》卷十六《榖水·芳林园》。

[④]　《水经注》卷十六《榖水·华林园》，《魏书》卷九十三《茹皓传》，《洛阳伽蓝记》卷二《张伦宅》。

会山崖洞谷的形象和各种岩石的组合，以及土石结合的特征，融会贯通，不断实践，才创造出雄奇、峭拔、幽深、平远等意境。

苏州园林多位于城市中，由于园林面积及其他条件所局限，叠石造山的方式也很有出入。其中规模最小的多在住宅的客厅或书房的前后庭院内，布置少数石峰，或垒石为山，或依墙构石壁，或沿小池点缀少数湖石。小型园林的面积虽比庭院稍大，但布局仍不太复杂，往往以水池为中心，以山石衬托水池、房屋和花木，或利用山坡、土阜建造园林，或以人工叠造假山作为园中主景。中型园林大都有山有池，与房屋、花木组合为若干景区，而在主要景区内设山峦洞壑模拟真实的山林（图92）。有些则于临水一面构危崖峭壁，或叠成高低起伏的池岸，其下再建石矶、钓台，使山水的结合更为紧密。体形高大的假山，为了扩大视野，往往在山上建造亭阁，以俯览园内或眺望园外的景物。山既可划分园景，又为增加园内宁静的气氛和降温、隔尘等提供了有利条件。至于在园林布局上，通常在水池的一面叠山造林，而在另一面错置厅堂亭榭，无论从山林越过清澈的池水遥望高低错落的建筑，或自房屋欣赏对岸的山崖树木，都是重要的对景，而房屋与山林遥相掩映，又收到良好的对比作用。在规模较大的大型园林，随着各景区和庭院的大小，叠造假山、石峰、石壁或仅置少数湖石；也有在较大景区内建假山数处，利用山势的连绵起伏互相呼应，将空间划分为几个部分，使园景有分有合，互相穿插，以增加风景的曲折和深度。总之，苏州园林从整体布局到小空间的处理，大则叠石造山，小则布置一二湖石，都创造了许多特有的手法，且其中一部分具有较高的艺术水平。

（一）造山与土石的关系

园林中的假山不外土石构成，土与石的结合是否得当，不但影响造山的风格，而且和材料、人工具有极密切的关系。

图92　环秀山庄假山峡谷

从假山的构造方面来说，各种土壤有其不同的摩擦角，超过这个角度便容易崩溃，因而用土造山不能太高，否则所占面积随之增大，而且形体臃肿，很难塑造雄奇、秀耸和其他复杂的形象。所以土石合用是技术上必然的要求。尤其是叠造洞谷崖壑，或在小面积内造较高的假山，用石的数量比一般假山更多。但在另一方面，用石过多则采石运石和叠石的人工、费用和时间都随之增加，造成人力物力上的浪费，故土石的比例必须适当。

汉代以来，人工造山虽多有记载，但具体情况语焉不详，魏晋南北朝起，统治阶级的园林往往建造大型的峰峦洞谷。如梁太清间（547—549）萧绎（元帝）在江陵所造的湘东苑，石洞长二百余步[①]即是一例。北宋赵佶（徽宗）建艮岳，为重山大壑，其间错置崖峡洞穴[②]，组合更为复杂。北宋洛阳诸园多以土山、水、竹为主。[③]南宋吴兴诸园大部分利用自然环境，用石并不太多。[④]降及明代，造山手法见于王世贞《游金陵诸园记》及《娄东园林志》的则多数叠石为山，内构洞窟，外列奇石。而明代末年计成所著《园冶》，除以专章详述选石外，对于园山、厅山、楼山、书房山、池山、峭壁山及峰、峦、崖、洞、瀑布的构造，分类列述特点，较为具体地反映了当时江南一带的造山情况。

不过叠石造山，无论石多或土多，都必须与山的自然形象相接近，这是它的基本原则。据清李渔《闲情偶寄》所载，"余遨游一生，遍览名园，从未见盈亩累丈之山，能无补缀穿凿之痕，遥望与真山无异者"。清康熙《嘉兴志》也说，"旧以高架叠缀为工，不喜见土"，可知清代初期的假山，因用石过多产生了若干奇矫而不自然的

---

① 《太平御览》卷一百九十六《湘东苑》。
② 《宋史》卷八十五《地理志》，袁褧《枫窗小牍》卷上，赵佶《艮岳记》，祖秀《华阳宫纪事》，张淏《艮岳记》。
③ 李格非《洛阳名园记》。
④ 周密《吴兴园林记》。

毛病。其次，选石、购石、运石和叠石所用的人力、费用和时间都很大，因此，李渔曾倡以土带石及土石相间的方法。和他同时的叠山家张涟（南垣）也主张"群峰造天，不如平冈小坂，陵阜陂阤，缀之以石"①。从实物方面来说，现存江南园林比李、张二人年代较早的有明万历末年张南阳所造上海豫园假山、嘉定秋霞圃、苏州艺圃和五峰园假山，以及苏州洽隐园水假山（周秉忠所叠）等。可能和他们同时的有苏州耦园东部假山、无锡寄畅园八音涧等。年代较晚的有清乾隆间戈裕良所设计的苏州环秀山庄假山与常熟燕园黄石假山。其中体形最大的豫园假山就是不见土的做法，其余诸例的石壁和洞谷等也都全部用石，仅在山顶和山后铺土便于栽植花木。至于现存苏州园林的假山，除上述诸例外，多数为太平天国以后所新建，少数就旧迹修理改造，其结构亦基本相同，由此可见明万历以来四百年间江南园林的假山以石多土少为其主流。不过这不等于说主流就是完美无缺点，相反，非主流亦有若干好作品，如苏州拙政园假山仅一处石多土少，其余三处皆石少土多，故能和池水树木相配合，构成较自然的风景。为说明方便计，现将苏州园林中假山使用土石的情况，分为如下四类。

1. 土山

不用一石而全部堆土的假山，多半限于山的一部分，并非全山如此，拙政园雪香云蔚亭的西北角即是一例（图93~94）。

2. 土多石少的山

此类假山不多，以沧浪亭与留园西部的假山体形较大。此二山皆沿山脚叠石约高一米，再于盘纡曲折的蹬道两侧累石如堤状以固土（图95~97）。体形较小的有拙政园绣绮亭及池中二山，手法略同而用石较少，故山形更为自然（图98~100）。此外，以土石相间，略成台状，如张南垣所谓"平冈小坂"的则有刘家浜儿宅庭院。

① 《中国营造学社汇刊》第四卷三、四期合刊《哲匠录》所引黄宗羲《张南垣传》、吴伟业《张南垣传》。

图 93　拙政园中部土山西北角

图 94　拙政园中部土山山径之一

图 95　沧浪亭假山

图 96　沧浪亭假山与竹丛

图 97　留园西部假山及叠石

图 98　拙政园中部土山山径之二

图 99　拙政园绣绮亭假山

图 100　拙政园中部山径旁叠石

3. 石多土少的山（图101~105）

苏州园林中的假山，此类数量居第一位，其结构可分为三种。第一种，山的四周与内部洞窟全部用石构成，而洞窟很多，山顶的土层比较薄，狮子林假山是这一类的典型（图102）。第二种，石壁与洞虽用石，但洞较少，山顶和山后的土层亦较厚，如怡园、慕园、艺圃等皆如此（图103~104、746）。第三种，四周及山顶全部用石，但下部无洞，成为整个的石包土，可以留园中部池北的假山为代表（图105）。

4. 石山

全部用石的假山，体形都比较小，如网师园池南的黄石假山便是如此（图106）。此外，有的石山为下洞上亭，或下洞上台，或如屏如峰位于庭院内、走廊旁，或依墙而建兼作为登楼的蹬道（图107~108）。这种石山数量仅次于石多土少的假山而居于第二位。

所以形成上述情况，主要由于过去园主们的爱好束缚着工匠们的艺术创造，使园林不能向新的方向发展。其次是这种封闭式园林的面积不大，以及当地盛产石料，雨量多和泥土易于崩溃等原因。随着我国社会主义革命的胜利和社会主义建设的发展，园林服务的对象和艺术标准都已发生了根本的变化，园林规模扩大，施工技术和条件也和旧社会大不相同，因此，过去风行一时的石多土少或全部用石的造山方法，今后只能在易于就地取材和有特定需要的情况下酌量使用。

（二）总体布置

1. 造山与环境的关系

叠石造山先根据需要，配合环境，决定山的位置、形状与大小高低。小型园林因面积有限，多以山为房屋的主要对景，同时栽植花木，以增加生气和弥补没有水池的缺点。花木大都少而精，大小高低宜有层次，山的形状须为这些需要提供条件。因此，山的体量须与空

图 101　西百花巷某宅园中假山

图 102　狮子林假山一角

图 103　怡园湖石假山

图 104　慕园湖石假山

图 105　留园中部假山

图 106　网师园池南黄石山——"云冈"

图 107　留园五峰仙馆前院厅山

图 108　留园冠云楼用假山作楼梯

间相称，形状宜前低后高，轮廓应有变化，忌最高点正对房屋明间，尤忌在其上建亭。在山的结构上用石不在多，而在使用得当。

中型与大型园林的山，决定于全园布局以山为主体抑以池为主体，据此来斟酌山的规模和形体。在以山为主体的园林，常因强调山的作用，使形体过于庞大，无法和环境调和，如沧浪亭就是在一定程度上犯了这个毛病。相反，环秀山庄的假山自池面至最高峰为七点二米，在当地园林中是第二位高山，但看来并不觉得壅塞，这是因为它在西南两面留有较大空间的缘故。在以池为主体的园林中，山虽居于辅助地位，但山与池的配合十分重要。体形较大的两面临池或三面临池的假山固不必多说，就是一面临池的山，亦应考虑山形和山上树木成长后的体量，是否与池的大小配合得当，山的对岸如建有亭阁楼馆，宜注意山的形体与房屋的大小轮廓能否互相呼应。忌高山与高楼相连接，使园林的某部分过于庞大生硬，如狮子林西北角的状态。山上建高大的建筑，即使建筑本身的造型优美，对园林的空间组织仍给予不好的影响。房屋轮廓过于高耸僵硬的，如拙政园西部的浮翠阁便是欠佳之例。

2. 山的组合与轮廓

苏州古典园林中的假山，由一座至三四座不等，而以一座的居多数。从造型来说，中华人民共和国成立前近百年内所建假山，优秀作品仅居少数，大多数由于组合单元不多，或组合不得其当，以致形体缺乏变化，轮廓单调。这种现象，尤以园中只有一山的最为明显。

明末至清中叶的假山组合单元，主要为绝壁及峰、峦、谷、洞、涧、路、桥、平台、瀑布等。现存遗物虽不一定都具备这些单元，但小如常熟的燕园黄石假山也有谷、洞、桥和绝壁。组合方法大抵临池建绝壁，壁下有路，转入谷中，盘旋而上，经谷上架空的桥，至山顶有平台可以远望。峰峦的数目和位置，随山形大小来决定。洞则不过一二处，隐藏于山脚或谷中，也有在山上再设瀑布，经小洞而流至山下。环秀山庄以谷分假山为三部分，前后左右互相衬托，显得有宾有主，并有层次和深度。同时由于山是实体而谷是窈虚，形成了虚实对比，使山形趋于灵活（图92、756~757、759~763、766、767）。清末假山的形体多半低而平，横的方向很少有高深的谷、洞与较大的峰峦相组合，仅在纵的方面以若干蹬道构成大体近于水平状的层次，因而山形平板缺乏变化。唯怡园假山在西北角绝壁上构洞与峰，自绝壁略收进，层次较分明，轮廓也较有变化（图103）。

山无论大小，必须轮廓明显，高低起伏，而最高点不应位于中央，以免呆板。在这点上，以环秀山庄和怡园处理得较好。有些园林在山上罗列太湖石峰，使原来缺乏变化的体形和轮廓，又增加了零乱琐碎的缺点，狮子林与留园中部假山即是这种拙例。反之，艺圃在山上东端建亭，辅以树木，补救了山形平坦的缺陷，较为干净利落。

假山如建于池侧，其高度不应只根据池面宽窄来决定，并须考虑池水水位和对岸地平线的高度。但一般情况往往忽略后两项因素，尤其是忽略池的最高水位，以致池中水满，每感觉山形低小。

以上就个体假山而言，如园林中有几座山，其组合方式不应生硬联结，也不宜在环池三面造山，使空间过于迫促。如狮子林东、南两面的石壁作九十度转角，联系不够自然，两侧有土山，山上建筑物又过高，使空间局促，唯西南角留有缺口，略有深远境界。假山最多的拙政园，山的组合较为得当，池中二山虽用洞谷分隔，但又联接为一个整体，形象自然而有层次。其他二山则相距稍远，东侧土山又能发挥联系南北的作用，因此中部山池的布置，显得开阔疏朗。

3. 陪衬手法

山的衬托手法，首先是利用本身的组合单元，如绝壁、峰、峦、谷、涧、台、路、桥、瀑布等烘托主峰，而这些单元的位置和形体高低、大小又须互相衬托，以产生虚实对比与层次、深度，并增加山形的变化与立体感。体形较大的山，如上海豫园假山，将主峰置于后侧，其前以盘曲的蹬道，综错的台、谷、涧、瀑布、绝壁等，自下而上构成层层叠叠的复杂形体，主峰自然显得高峻。反之，体形较小的山，如环秀山庄将主峰置于前部，利用左右的峡谷、桥和较低的峰峦作陪衬，也能使人感到主峰相当雄伟。但不论何种方式，主峰位置宜稍偏，山形较长者尤须如此。留园中部假山将最高点隐于西侧桂林中，是一种较好的手法（图607）。

明代园林每于绝壁下建低压水面的曲桥，或构平低的石矶，无非衬托石壁使之显得更为高耸（图751）。

山上忌建高大的亭与楼阁，即建亦应与山形相配合。如拙政园中部池西侧小山扁而平，故山上的雪香云蔚亭采用长方形平面。高峻的山，与其在山顶建亭，不如位置略低，依主峰为背景，如上海豫园的做法。

山上植树应考虑树的位置、疏密、姿态、成长速度等，才能发挥较好的陪衬作用。一般平坦的陂阪以枝条疏畅的落叶树为宜，但不可太密。较大的冈岭应以常绿树与落叶树相配合，间距可稍密。峭崖绝谷上与其植高大的落叶树，不若易以枝干盘曲的松树，斜出崖外，再配以少数成长较慢而姿态较好的花木，使古拙与秀丽相结合，比较恰当。苏州各园假山上的树木，其姿态能发挥陪衬作用的并不太多，且落叶树生长较快，形体也较高大，而假山的高度又多在四米左右，往往形成上重下轻的缺点。唯环秀山庄只植常绿的柏树与观叶的青枫和观花的紫薇各一株，而以形体较大的青枫位于假山中点，紫薇斜出绝壁外，柏作背景，处理比较恰当。

4. 叠石的基本条件

了解山的真实形象和石的形状、纹理与色调，是叠石的重要前提。就是说，只有从实际出发进行创作才是正确的方法。如果用湖石仿造黄石的山，或以黄石垒成湖石的形状，或将湖石与黄石混用于一处，都是违反自然规律的。

　　天然石灰岩的山如临水，其下部受波浪冲荡和水的侵蚀，会形成若干小洞，并有近于垂直的凹槽，其凸处隆起如鼻隼，表面有涡洞，称为"湖石"。较好的湖石有涡、洞和皱纹构成石形的独特风格。涡有大有小，一般都较浅，有的作不规则的相套形状，有的涡内有洞，但洞不一定在涡内。洞的形状极富变化，由于受水冲击，其表面光滑者居多。洞的边缘几乎都是圆角，大洞旁往往错列一二圆形小洞，而小洞之间又有穴道相通。皱纹有的较宽较浅，作斜列状，但也有较深较密者，多限于石的一部分。皱纹的方向除多数斜列外，也有少数近于垂直的，皱纹之间每有洞，形状较长，与一般的洞不同。皱纹表面亦以光滑者居多，仅少数较粗糙或有各种裂纹。清乾隆间戈裕良掌握了这些具体形状，所以他负责建造的环秀山庄大部分具有涡、洞，少数作皱纹，其间杂以小洞，和大自然的真山较接近（图109~111）。狮子林假山仅有洞（图102），无涡及皱纹，而洞的形状又与上述湖石相差很远。近几十年从狮子林假山演变出来的手法，极为离奇古怪，和大自然的真山毫无共同之处。至于用湖石叠成各种动物形体，则更失去叠山的原意。

　　黄石像其他的石灰岩一样，受气候影响风化后，逐步分裂，由大而小，最后成为泥土。在分裂过程中，岩面的石块，有直有横有斜，也有大有小，互相综错，且有出有进，参差错落。苏州耦园假山的绝壁能体现这种情形，所以比较逼真，也比较自然（图112~113）。其次，山坳低洼处被雨水冲刷，露出若干石块，人们依山开路，也露出石块。耦园东部假山的蹬道叠石，就是由此演变而来的（图114）。若叠黄石竟和砌虎皮石墙的方法相仿佛，甚至如沧浪亭池岸以黄石模仿湖石，叠成各种洞形，则是不合理的。

　　大型卵石的尺度有达一米左右的。过去苏州留园曾以卵石和黄石混用。最近苏州虎丘有用卵石堆叠护坡者，也收到了良好的效果（图115）。

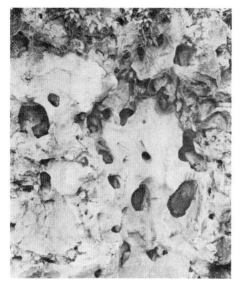

图 109　环秀山庄石壁叠石

图 110　环秀山庄假山叠石

图 111　环秀山庄湖石假山

图 112　耦园黄石假山与水池

图 113　耦园临池石壁

图 114　耦园假山蹬道

图 115　虎丘卵石叠石

（三）详部手法

1. 石壁

用湖石叠造的石壁，有以下几种方式：第一种，用无洞的灰青色石块叠成，石层略近水平，表面微有出进，远望之凹入处有阴影若洞状，艺圃便是如此（图745~746），可能是较老的手法。第二种，如怡园水池西北角上部，石面不作鼻隼形，也没有垂直凹槽，但在形体较大的石块上有若干小洞，风格较为雄浑（图103）。第三种，环秀山庄的石壁主要模仿太湖石涡洞相套的形状，涡中错杂各种大小洞，石面光滑，洞的边缘多数作圆角，比较自然。此山西南角石壁向外斜出，砌时不用横石自壁面生硬挑出，而将石券做成斜涡形，承受上部壁体，可能是戈裕良独创的手法（图111、752、766）。第四种，环秀山庄东南角石壁与山上枫树南侧用垂直凹槽为主与小洞相配合的方法，而凸起处高低不平如石钟乳状，似取法太湖石的皱纹予以创造性发展（图110）。第五种，狮子林的石壁（图651），既无皱与涡，而石洞较大，洞的边缘多作尖角，且有不少自壁面挑出的石块，或上翘，或下垂，奇矫零乱，对近代的叠石手法给予了不少坏的影响。

黄石叠造的石壁，以耦园东部假山临池部分较佳，其横直石块大小相同，凸凹错杂，与真山颇为相似（图112~114、116~117）。网师园池南"云冈"与拙政园绣绮亭南侧叠石次之，而以沧浪亭临水石壁较差。

2. 石洞（图118）

石洞的种类，在现存的例子中，不外两种。一种是类似一般的洞穴，又有旱洞和水洞之分。通常多为一洞，仅洽隐园以水洞与旱洞相连，是唯一的例子（图119）。另一种蜿蜒如隧道形状，在苏州诸园中也较普遍，其中部分则与第一种洞相结合使用。狮子林的假山洞，多属这一种，但过于繁琐堆砌，与真实山洞相去甚远。[1]

洞门两侧的石虽有竖砌，而以横叠者为多（图120~122）。洞门上部的结构有几种形式，最简单的用横石条，或在石条上置湖石数块；其次是用不规则的巨石搁置在门上，仍属梁式结构；再次是用叠涩的方法；至于券式洞门，一般用不同形状的石块构成，但也有在券的内侧再加水平条石以补助强度的。环秀山庄的券，或为上下二层，或用大小券数个综错配合，表面有涡纹及小洞，外观自然又能发挥较好的结构作用（图123~124）。

洞的壁体构造，为坚固起见，不论时代的早晚多用横石堆叠。洞内的采光方法，洽隐园水洞在壁上开较大的窗洞，但环秀山庄代以若干小洞。洞顶做法以石板覆盖的较普遍，唯洽隐园水洞用叠涩向内层层挑出，至中点加粗长石条，并挂小石如钟乳状，较为特别。环秀山庄则以若干不规则的券构成洞顶，和山的真实情况较为接近（图125）。

3. 谷

苏州园林中，唯环秀山庄的谷以峭壁夹峙如一线天（图92），曲折幽静，有峡谷气氛。耦园东部假山亦有一小段，称为"邃谷"，但两壁较低，只能以一般山道看待（图116）。留园西部土山的南侧，亦有类似手法，但壁体比耦园更低，作为普通道路又觉太高，似欠斟酌。

4. 蹬道

假山无论高低，其蹬道的起点两侧，每用竖石，一高大，一低小，以产生对比作用。竖石的体形忌尖瘦，轮廓以浑厚为好（图126~128）。蹬道转折处，其内转角亦用同样方法处理。如遇平台而后侧山势较高，须叠石如屏障，留园中部假山有一处用斜列的湖石，较为生动。

---

[1] 北京北海读画廊南侧的洞用青石叠造，甚为雄奇，至迟是明代的遗物，读画廊两侧的长洞也较雄伟，可视为此类假山洞的较好作品。

图 116　耦园假山"邃谷"南口

图 117　耦园东园黄石假山

图 118　小灵岩山馆石钟乳

图 119　洽隐园假山洞——小林屋洞

图 120　沧浪亭假山洞门

图 121　拙政园腰门内假山洞门

图 122　狮子林假山洞门

图 123　环秀山庄石壁及洞门

图 124　环秀山庄峡谷内洞门

图 125　环秀山庄山洞内采光口及石桌

图 126　留园中部涵碧山房西侧蹬道

图 127　怡园蹬道

图 128　拙政园蹬道

5. 石峰

苏州的湖石峰以原织造府瑞云峰最为著名（图129）。石峰使用的地点除罗列在山上外，厅前、院内、道侧与走廊旁均可单置或与其他湖石组合使用（图130~132）。瑞云峰位于小池中，周围以湖石假山和花木陪衬，能配合石的形状，发挥其特点，是较好的处理手法。

人工叠造的石峰以清乾隆间的小灵岩山馆所存二峰较为雄健生动（图131）。但清末所造石峰，往往不注意轮廓，仅在洞的多寡与大小方面致力甚勤，可谓舍本逐末。

6. 土坡叠石

土坡上置石，一为散置，只见于遂园；二为成组的屏障，错列于坡上，留园西部土山是较好的例子（图97、133）；三为不规则的横列，虽斜正错杂，仍留意组合方式，以拙政园雪香云蔚亭南侧和环秀山庄的东北角为代表作品（图134）；四为狮子林西侧土山上建平行的石岸三层。以上诸例除狮子林外，其余皆与山形配合较好。

7. 施工

施工前应先作草图。从前叠山工匠多先绘图，并以泥沙做模型。其次叠石时须注意石的形状、纹理与颜色，使之能充分表现其最美好的部分。不过施工过程中仍不免随时调整，如同一石块，换一地位，转一方向，或原来甲端朝上，改为甲端朝下，反而更加恰当。石的拼接必须自然，因此事先应细心观察所用石料，在施工中方能得心应手，最好做到看不出拼接痕迹，不勾抹石缝，如环秀山庄东南角依墙的石壁，便是一个例子。

叠石须注意基础坚固与否，从前临水叠石常先打桩，上铺石板一层，再叠造石岸或绝壁，如拙政园西部塔影亭西侧池岸，水涸时即可看出此种做法。叠造石峰石洞也应先将泥土夯实，铺以较宽的基石，再自下而上次第叠造。

图 129　原织造府瑞云峰

图 130　留园冠云峰

图 131　小灵岩山馆叠石峰

图 132　留园岫云峰

图 133　留园西部土坡叠石

图 134　环秀山庄假山东北土坡叠石

　　叠石的具体办法，不外叠、竖、垫、拼、挑、压、钩、挂、撑各种。叠是用横石叠置，是最稳妥和最常用的办法，不过须留意石的纹理，如不与长的方向一致时，便不能横叠。竖指石壁、石洞、石峰等所用直立之石，因承受重量较大而石形又较高，必须使底部平稳，不失重心。一般来说，造石壁时叠与竖结合较多，可是高大的石壁不能一味用大块的横石和竖石，其间须置较小石块，才能符合石的自然形象，这就需要垫。此外，在向外挑出的大石下面，为了结构稳妥和外观自然，也常用垫的方法。拼是用若干较小的石拼合成较大的体形，不过小石过多不易坚固，必须间以大石，或者在小石上压以大石。挑用于石壁、石洞、石峰等向外伸出部分，它和压具有不可分割的关系。用挑石时，宜观察石质是否坚固，其次看石端形状是否符合需要，如两端都挑出，更须细心挑选，最后应考虑挑出石料后端之受压长度及面积。在叠造石峰时，往往有两面或三面同时挑出，这时挑石后端受压面积与其上所压的重量，须依力学原则处理。至于用铁钩补强的方法，仅在必要时偶然使用之。钩是造山洞时挑选中部略向上弯曲而两端呈钩状的石料，与两侧的竖石钩接，多用于较小的洞。大洞则此石的两端下应有大而平的面，才能和竖石结合稳当。挂指吊挂而言，仅见于洽隐园水洞的钟乳石，一般少见。撑是斜撑，用于券的两侧以支撑上部的石，环秀山庄的石壁表面与门上的涡洞，不仅用大石，而且用小石，都发挥了斜撑的作用。

　　从前考究的假山，叠湖石用糯米汁掺适当的石灰作为胶合材料。一般只于石底以铁片垫平，再在外侧勾抹石缝，近年则用石片代替铁片。勾抹材料过去有石灰加桐油及石灰加麻筋青煤二种，但干结都较慢，是很大的缺点。勾抹后一般刷盐卤铁屑使所嵌之缝不鲜明突出。勾抹黄石则用光胶、青煤加宜兴黄土。现在无论湖石和黄石，都用水泥调色，干结很快，施工自较方便。不过湖石的缝须出楞，而黄石则须显出石缝，才和天然岩石相像，故都以勾抹材料隐藏于缝内为佳。

建　筑

　　建筑在苏州古典园林中具有使用与观赏的双重作用。它常与山池、花木共同组成园景，在局部景区中，还可构成风景的主题。山池是园林的骨干，但欣赏山池风景的位置，常设在建筑物内，因此建筑不仅是休息场所，也是风景的观赏点。建筑的类型及组合方式与当时园主的生活方式有密切的关系，因而园林建筑以其数量之多与比重之大成为一种突出的现象。一般中小型园林的建筑密度可高达30%以上，如壶园、畅园、拥翠山庄；大型园林的建筑密度也多在15%以上，如沧浪亭、留园、狮子林等。正因为如此，园林建筑的艺术处理与建筑群的组合方式，对于整个园林来说，就显得格外重要。

　　苏州古典园林中的建筑，不但位置、形体与疏密不相雷同，而且种类颇多，布置方式亦因地制宜，灵活变化。建筑类型常见的有：厅、堂、轩、馆、楼、阁、榭、舫、亭、廊等。其中除少数亭阁外，多围绕山池布置，房屋之间常用走廊串通，组成观赏路线。各类建筑除满足功能要求外，还与周围景物和谐统一，造型参差错落，虚实相间，富有变化（图135）。

　　由于使用性质的不同，建筑处理也有不同。厅堂多位于园内适中地点，周围绕以墙垣廊屋，前后构成庭院，是园林建筑的主体。厅堂造型比较高大宏敞，装修精美，家具陈设富丽，在反映园主奢靡生

图 135　拙政园香洲

活方面，具有典型性。留园五峰仙馆（图151~152）、狮子林燕誉堂
（图354~355）均为这类例子。可观赏周围景物的四面厅，多建于环
境开阔和风景富于变化的地点，四周门窗开朗，并绕以檐廊，既可
在厅内坐观，又便于沿廊浏览，如拙政园远香堂（图155~156）。书
斋、花厅，环境要求安静，常与主要景区隔离，自成院落，在建筑
处理上则另有一种格调。如留园的还我读书处[①]、拙政园玉兰堂（图
153），前面都有小庭院，虽无山池之胜，但几株花木，散点石峰，
也堪构成小景。至于亭、榭、曲廊，主要供休憩、眺望或观赏游览之
用，同时又可以点缀风景，所以此类建筑多设于山巅、水边或园林四
周，所谓"花间隐榭，水际安亭"就是这种手法的表述。

---

① 原名"还读我书"。

园林建筑的造型与组合，都求其轻巧玲珑，富有变化，建筑形式亦无定制，普通住宅房屋，多用三间五间，唯有园林建筑，一室半室，随宜布置，结构采用斗栱的极少，装修亦不雕鸾贴金，力求朴素大方。

园林建筑的空间处理，大都开敞流通。尤其是各种院落的灵活处理，以及空廊、洞门、空窗、漏窗、透空屏风、槅扇等手法的应用，使园内各建筑之间，建筑与景物之间，既有分隔，又达到有机联系，融为一体。例如留园古木交柯与石林小院（图143~144）二处，内外空间穿插，景深不尽。

园林建筑的色彩，多用大片粉墙为基调，配以黑灰色的瓦顶，栗壳色的梁柱、栏杆、挂落，内部装修则多用淡褐色或木纹本色，衬以白墙与水磨砖所制灰色门框窗框，组成比较素净明快的色彩。而且白墙既可作为衬托花木的背景，同时花木随着日照位置和阳光强弱投影于白墙上，可造成无数活动景面。

园林建筑还可以作为造景的手段。不论是对景、借景或景物的变换与联系都起着重要的作用。

建筑用于对景，方式多种多样，如拙政园远香堂北面正对雪香云蔚亭，东面正对绣绮亭，反之，从雪香云蔚亭南望可畅览远香堂与倚玉轩一带。这种把建筑与建筑、建筑与景物交织起来融为一体的处理是苏州古典园林造园艺术的一种优秀手法。

建筑用于借景的有远借、邻借、俯借、应时而借等方式。建筑的门窗、廊柱之间，也可作为取景框，其中不乏构图的佳例。

季节气候与房屋处理亦有关系。如拙政园的三十六鸳鸯馆（图166~169）即为考虑冬夏二季不同的应用，听雨轩则以观赏雨景为主题。

建筑在园林中与山、池、花木的有机配合，是造园艺术手法中的一个重要问题。

山上设亭阁，体形宜小巧玲珑，加上树木陪衬，形象自然生动。同时，又因其位于园中制高点上，无论俯瞰园景或眺望园外景色，都是重要的观赏点。拙政园的雪香云蔚亭、待霜亭、绣绮亭可作为此类建筑的代表（图37、226、228）。这几座山亭不但本身形体优美，造型各异，而且与环境配合恰当，为园景增色不少。以建筑为主体，山石为辅的处理手法，有厅山（如留园五峰仙馆前后院）、楼山（如留园冠云楼东侧）、书房山（如王洗马巷七号某宅庭院）等。

临水建筑为取得与水面调和，建筑造型多平缓开朗，配以白墙、漏窗及大树一二株，能使池中产生生动的倒影。建筑与水面配合的方式，可分为以下几种类型：第一种是凌跨水上，如拙政园的小沧浪（图141）、网师园的濯缨水阁（图192）、耦园的山水间（图737）；第二种为紧邻水边，如拙政园的香洲、倚玉轩（图198~199、160）、留园的绿荫轩（图190）、清风池馆（图620）；第三种与水面之间有平台过渡，如拙政园的远香堂（图551）、留园的涵碧山房（图171）、怡园的藕香榭（图154）等。后者往往由于平台过于高大与水面不能有机结合，显得不够自然。

建筑在园林中与花木的配合也极为密切。不仅花木配置可以构成庭院小景，而且花木形态、位置对建筑的构图也起很大作用。从现存的园林里，可以看到许多建筑与花木配合恰当，组成优美园景构图的实例，尤其建筑与生长多年的大树有机配合，是一种传统手法[1]，留园、拙政园、网师园、沧浪亭等处都有不少此类例子。

苏州古典园林的建筑是在封建社会中发展起来的，因此虽有不少传统艺术手法可供借鉴，但其类型与性质都是为了适应当时园主剥削阶级奢靡生活的需要，以致建筑物过于密集，对于园林再现自然的意

---

[1] 明计成《园冶·相地》：“多年树木碍箭檐垣，让一步可以立根，斫数桠不妨封顶，斯谓雕栋飞楹构易，荫槐挺玉成难。”这说明布置园林建筑时，利用已生长多年的大树构成园景，是我国造园艺术的传统手法。

趣终有矛盾；加上当时建筑艺术受到剥削阶级意识形态的影响，造成有的建筑装修雕饰繁琐，费工费料。

（一）院落

院落是苏州古典园林的一种建筑组合形式。由于当地园林面积不大，须在有限的空间内创造许多幽静的环境，或在连续的建筑之间插入不同景色的过渡空间，增加园景的变化，因而以院落来划分空间与景区，成为常用的手法（图136）。

按组合形式的不同，院落大致可分三种类型，即庭院、小院和大型院落。

（1）庭院多位于厅堂前后，以墙垣、房屋构成规则的或不规则的平面。院内常设花台、树木、峰石，在白墙的衬托下，成为主要建筑的前景。如拙政园玉兰堂（图552）、狮子林燕誉堂（图648~649）、留园五峰仙馆的前院（图626）等。

（2）小院多布置在房屋左右或走廊一侧，面积较小，构图形式灵活多样。它的作用可使个体建筑或连续的房屋走廊获得通风、采光和美化，也可减少走廊的单调，同时可作为次要部位的对景或衬托。小院内的布置，通常只植乔木一二株，或栽天竹、蜡梅、芭蕉、竹丛，配以少数湖石，无异大型盆景。这种小院在园林中极为普遍，如留园的古木交柯、华步小筑（图601）、网师园小山丛桂轩侧院（图697），以及其他各园曲廊转折处（图698）都可见到。

（3）大型院落多自成一组完整的建筑群。常用围墙、房屋、走廊、山石、花木等共同组成不规则的复杂空间。这种院子在空间上与外界有所划分，又可使内外空间互相穿插，增加了风景的层次和变化。如拙政园以玲珑馆为主体而组成的枇杷园（图137~138）可为代表，其空间变化与景物处理丰富谐调，清新有致，北部以土山为屏障，又和其他部分相互衔接，障而不隔，手法颇为自然。

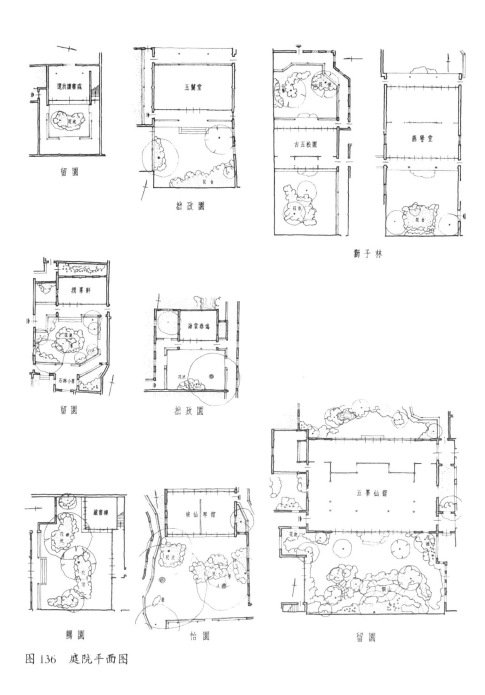

留園

拙政園

古五松園

獅子林

留園

拙政園

揖園

怡園

留園

图 136　庭院平面图

图 137　拙政园枇杷园鸟瞰

图 138　拙政园枇杷园

院落的空间处理一般有封闭、开敞两种形式。

封闭式庭院可以造成一种安静的气氛，自成一区独立的环境。如留园还我读书处、耦园的西园藏书楼前的庭院（图731），四面用房屋与走廊封闭，或用粉墙包围，给主要建筑前景造成静谧的环境。

开敞式院落在园林中也相当普遍，不论庭院、小院或大型院落均多采用。开敞式院落可以利用空廊或院墙上的洞门、空窗、漏窗与外界沟通，取得空间的联系。这种院落不仅可使空间互相流通，避免小空间造景的窒息，而且还能使院落内外相互借景，增加园景展开的效果。如拙政园小沧浪水院（图139~142）就是开敞式院落较好的例子。

以几个院子组成的院落群，是院落组合的进一步发展。有些园林，以一个主要庭院为中心，周围配以若干小院，使空间划分与景面开展更为丰富，留园石林小院是这类院落群组合的典型例子（图143~146）。它在主要空间的周围，布置六个形状、大小不同的小院，每个小院的处理手法又具有不同的特点，同时为了突出石林小院的景物主题——石峰，各小院中亦以湖石作陪衬。拙政园海棠春坞一组空间（图147~150），以厅前庭院为主题，厅两侧各配有一个小院，不仅使厅的四面有景可观，而且通过两侧小院衬出前院空间比较宽大，也是处理得较为成功的例子。

（二）建筑类型

园林建筑的类型，根据功能与形式，虽有各种名称，但具体建筑物的名称也常混用，不甚严格。现选择常见的几种主要建筑物说明如下。

1. 厅、堂、轩①、馆（图151~169）

园林中的厅堂过去是园主进行各种享乐活动的主要场所，名称有

---

① 轩：既是建筑物的名称，也是天花的名称。

图 139　拙政园小沧浪水院北面

图 140　拙政园小沧浪水院东面

图 141　拙政园小沧浪水院剖视图

图 142　拙政园小沧浪水院西立面图

图 143　留园石林小院院景

图 144　留园石林小院剖视图

图 145　留园石林小院北面

图 146　留园石林小院南面

图 147　拙政园海棠春坞院景

图 148　拙政园海棠春坞全景

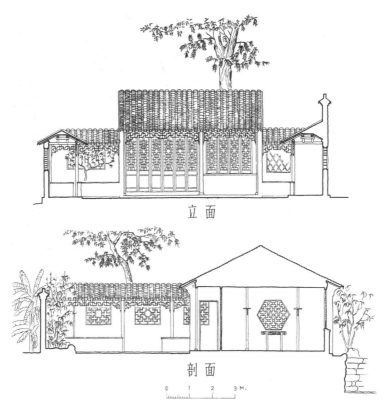

立面

剖面

图 149　拙政园海棠春坞立面、剖面图

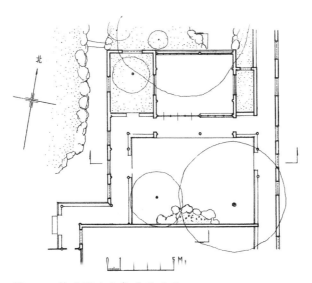

北

图 150　拙政园海棠春坞平面图

图 151　留园五峰仙馆内部

图 152　留园五峰仙馆外观

图 153　拙政园玉兰堂

图 154　怡园藕香榭

图 155　拙政园远香堂外观

图 156　拙政园远香堂内部

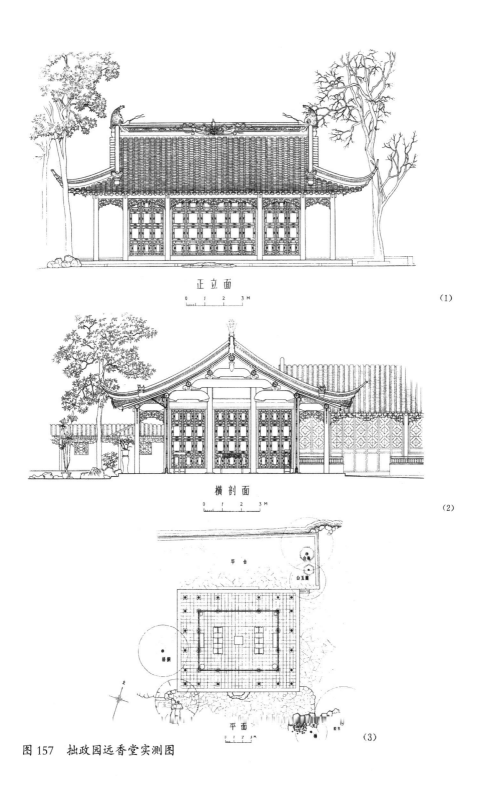

正立面

（1）

横剖面

（2）

平台

白玉兰

南

桔树

平面

图 157　拙政园远香堂实测图

（3）

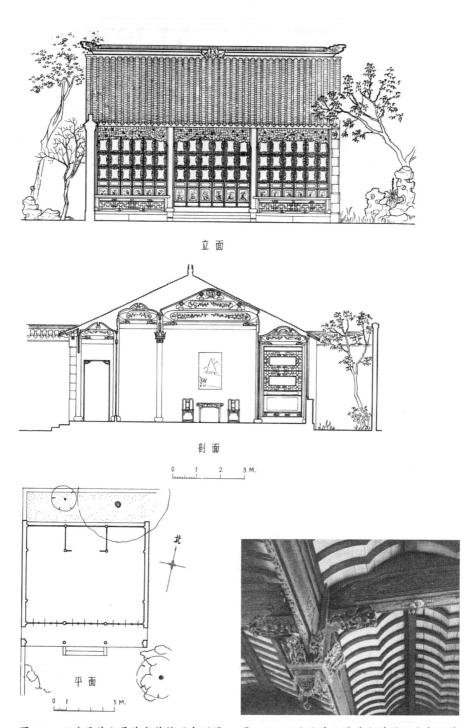

立面

剖面

0　1　2　3 M.

北

平面

0　1　　　　5 M.

图 158　王洗马巷七号某宅花篮厅实测图　图 159　王洗马巷七号某宅花篮厅内部天花

图 160　拙政园倚玉轩

图 161　拙政园听雨轩

图 162　留园林泉耆硕之馆外观

图 163　留园林泉耆硕之馆内部

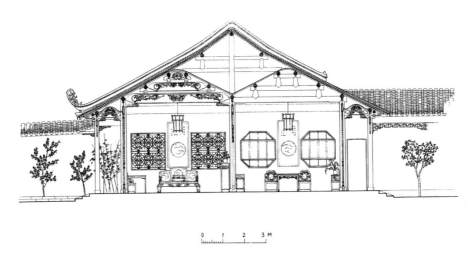

图 164　留园林泉耆硕之馆横剖面图

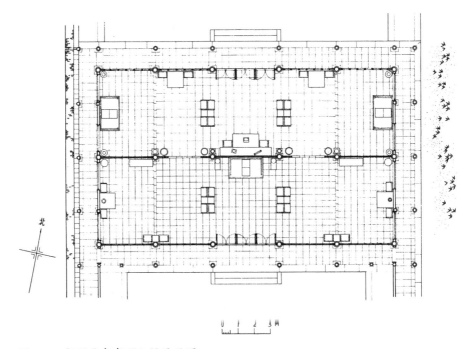

北

图 165　留园林泉耆硕之馆平面图

图 166　拙政园三十六鸳鸯馆外景

图 167　拙政园三十六鸳鸯馆内部

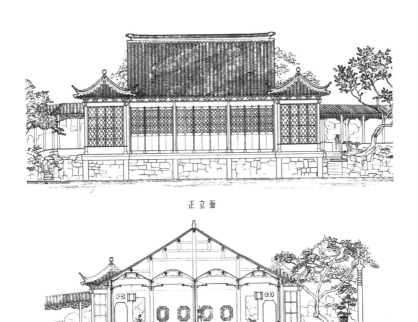

正立面

横剖面

0　1　2　3 M

图 168　拙政园三十六鸳鸯馆正立面、横剖面图

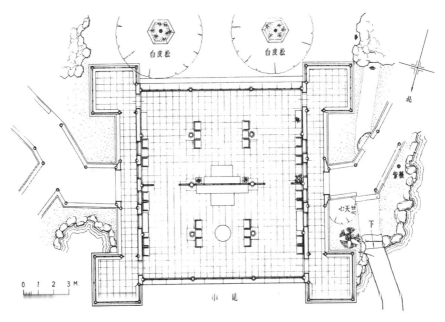

白皮松

白皮松

北

0　1　2　3 M.

图 169　拙政园三十六鸳鸯馆平面图

大厅、四面厅、鸳鸯厅、花厅、荷花厅、花篮厅等，但也有·厅兼有几种用途而不能明确区分的。厅堂按构造分，用扁作者（长方形木料做梁架）叫厅，用圆料者称堂。

大厅是园林建筑的主体，面阔三间五间不等，面临庭院一边于柱间安连续长窗（槅扇），两侧山墙亦间或开窗，供通风采光之用。典型的例子如留园五峰仙馆。

大厅也可作四面厅形式，便于四面观景，面阔亦三间五间，四周绕以回廊，长窗则装于步柱之间，不做墙壁，廊柱间多在檐枋下饰以挂落，下设半栏坐槛，可供坐憩之用，实例以拙政园远香堂为代表。

鸳鸯厅是另一种大厅形式，厅内以屏风、罩、纱槅将厅等分为前后两部分，梁架一面用扁作，一面用圆料，似两进厅堂合并而成，故有此名。它的作用是南半部宜于冬春，北半部宜于夏秋，留园林泉耆硕之馆、狮子林燕誉堂等都采用这种形式。拙政园三十六鸳鸯馆平面为鸳鸯厅形式，但其梁架是连四轩而成，称为满轩（图168）。

花厅主要供生活起居兼作会客之用，位置多接近住宅，厅前庭院往往布置花木、石峰，构成幽静的环境，拙政园玉兰堂即一例（图153）。

荷花厅为临水建筑，为便于观赏水景，厅前常有宽敞的平台，如怡园藕香榭（图154），留园涵碧山房等。

花厅和荷花厅梁架多用回顶（卷棚），也有少数花厅做成花篮厅或贡式梁架的。回顶深三界（三步架）的，称三界回顶，五界的称五界回顶。花篮厅是当心步柱不落地，代以垂莲柱，柱端雕花篮。花篮厅梁架形式不拘，但不用圆料而用扁作，王洗马巷七号某宅花篮厅即为此例（图158~159）。贡式梁架是用扁方料仿圆料做法，挖梁底使曲成软带形，如铁瓶巷某宅西花厅（图284）。

厅堂内的天花普遍用轩，也是一个特点。它用椽子做成各种形状，有茶壶档轩、弓形轩、一枝香轩、船篷轩、菱角轩、鹤胫轩等

（图283~287）。轩上梁架即可做草架，草架做法不拘桁柱，可使天花随室内平面布局做成各种轩的形式。

厅堂的屋顶常用歇山与硬山两种形式。歇山顶用于四面厅，间亦用于鸳鸯厅，硬山顶除四面厅外均可应用。厅堂的檐高一般为明间面阔十分之八，次间面阔一般等于檐高。

厅堂为满足过去剥削阶级豪华奢侈的生活要求，常于周围建若干附属房屋，使空间组合比较复杂，留园的五峰仙馆即是典型例子。此厅西北角与汲古得绠处①相连，东南接鹤所，西南与清风池馆及西楼相通，这些都可作为厅堂的辅助面积而相互联系，功能上明显地反映了过去园主的生活方式。拙政园三十六鸳鸯馆的四个耳室也是这类辅助用房。

轩与馆亦属厅堂类型，但有时用于次要部位，或作为观赏性的小建筑，如网师园的竹外一枝轩（图193）、留园的清风池馆（图620）。

2．楼、阁（图170~188）

楼、阁位置多设于园的四周，或半山半水之间，一般作二层，上层高度为下层十分之七左右。楼阁如在园林中作为重要对景，位置应显明突出；如作为配景，则位于隐僻处居多。前者可以拙政园的见山楼（图173）与浮翠阁（图186）为例；后者见于沧浪亭的看山楼（图178）与留园远翠阁（图181）、西楼（图177）、还我读书处等。

楼的面阔多作三间或五间，偶有四间、三间半或一间带走廊的。进深可至六界，屋顶常作歇山或硬山式。园林中的楼，造型多富有变化，半槛、挂落随意设计。楼的向园一面，往往装长窗，外绕栏杆，但也有装地坪窗②的。两侧多砌山墙或辟洞门、空窗、砖框花窗。楼

① 原名"汲古得修绠"。
② 详见"（四）装修"。

图 170　留园明瑟楼雪景

图 171　明瑟楼与涵碧山房

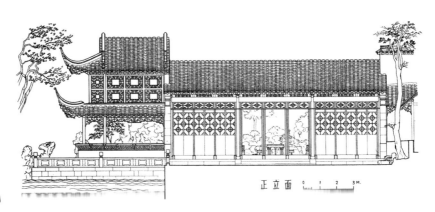

正立面　0　1　2　3M.

（1）

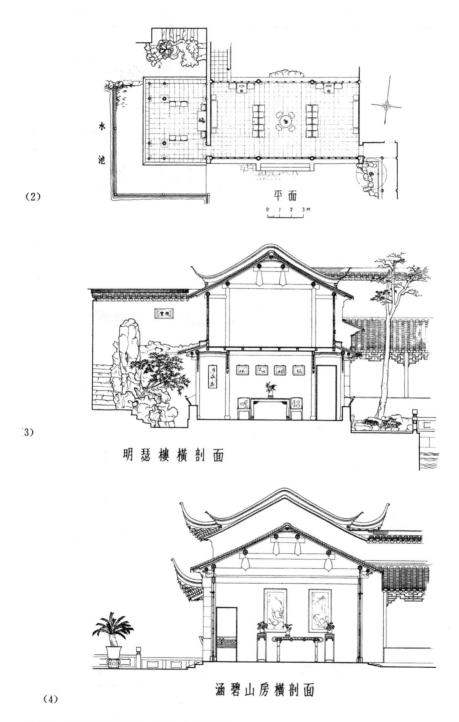

（2）

平面

0 1 2 3M

（3）

明瑟楼横剖面

（4）

涵碧山房横剖面

图172　留园明瑟楼与涵碧山房实测图

图 173　拙政园见山楼

图 174　拙政园倒影楼

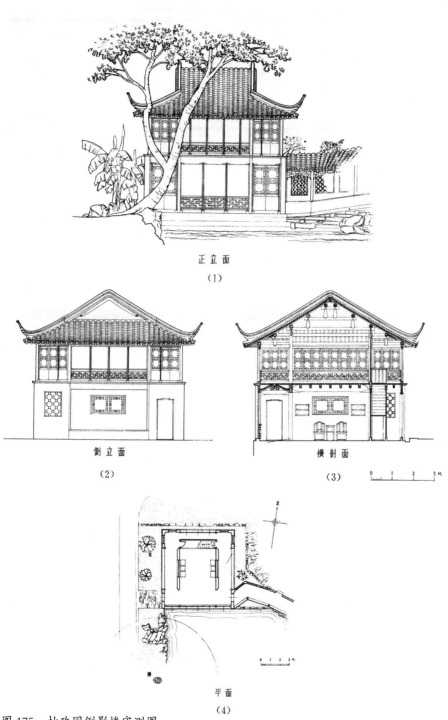

正立面

（1）

倒立面

（2）

横剖面

（3）

平面

（4）

图 175　拙政园倒影楼实测图

图 176　留园曲溪楼

图 177　留园西楼

图 178　沧浪亭看山楼外景

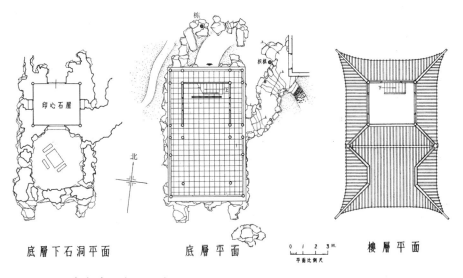

底層下石洞平面　　　　　底層平面　　　　　樓層平面

图 179　沧浪亭看山楼平面图

侧立面　　　　　　　　　　　　　　　(1)

横剖面　　　　　　　　　　　　　　　(2)

图 180　沧浪亭看山楼侧立面、横剖面图

图 181　留园远翠阁

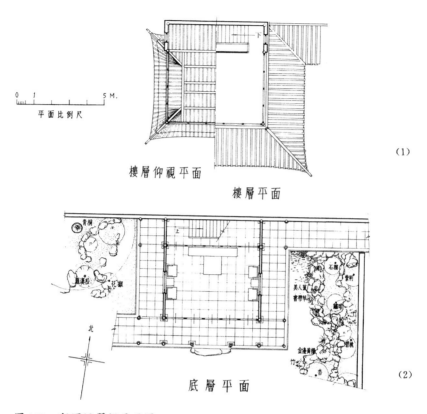

0 1　　　　5 M.
平面比例尺

樓層仰視平面

樓層平面

(1)

青楓

黄楼松
花級

北

上

底層平面

石榴

美人蕉
書帶草

金邊黄楊
竹　　杏

(2)

图 182　留园远翠阁平面图

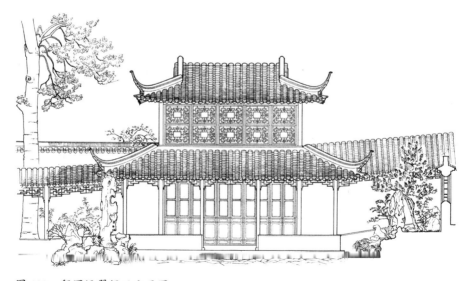

图 183　留园远翠阁正立面图

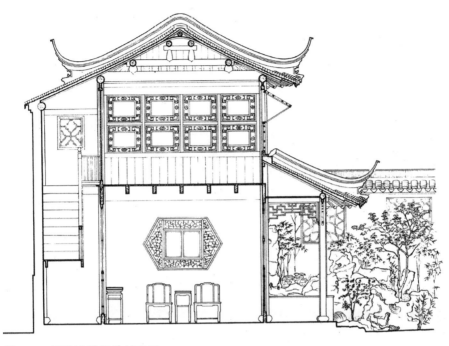

图 184　留园远翠阁横剖面图

图 185　狮子林卧云室

图 186　拙政园浮翠阁

图 187　拙政园留听阁

梯可设于室内，或由室外假山上至二楼。前者如网师园的集虚斋、五峰书屋等（图694），后者如拙政园的见山楼（图173）、留园的明瑟楼（图172）和冠云楼（图108）等。临池建楼，体量应与水面相称，如留园的曲溪楼（图176）与拙政园西部的倒影楼（图174），一大一小，是较好例证。此外，为了使形体和池面调和，上层每较下层略为收进，其间施以水平砖制挂落板。下层往往用白粉墙，上层为木构，或一部分用木构，使外观轻快活泼。

　　阁与楼相似，重檐四面开窗，造型较楼更为轻盈。平面常作方形

图188 狮子林修竹阁

或多边形。屋顶作歇山式或攒尖顶，构造与亭相仿。阁也可建于山上或水边，虽只一层，也用此名。拙政园的浮翠阁（图186）、留园的远翠阁（图181）均为二层例子，狮子林的修竹阁（图188）、拙政园的留听阁（图187）则为依山临水的一层建筑。

3. 榭、舫（图189~204）

榭与舫多属临水建筑。其形体为了与水面调和，从整个形体轮廓到门窗栏槛与鹅颈椅，每以水平线条为主。榭常为水阁，置于池畔，形态随环境而异。建筑基部一半在水中，一半在池岸，跨水部分常做

图 189　拙政园芙蓉榭

图 190　留园绿荫轩

正立面　　　　　　　　　　　　　　　　（1）

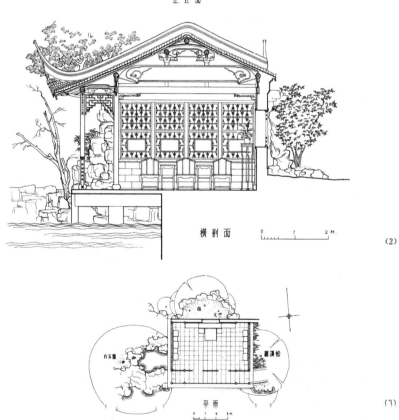

横剖面　　　0　1　　2 M.　　（2）

平面　　0 1 2　3 M.　　（1）

图 191　网师园濯缨水阁实测图

图 192　网师园濯缨水阁北面外观

图 193　网师园竹外一枝轩与射鸭廊

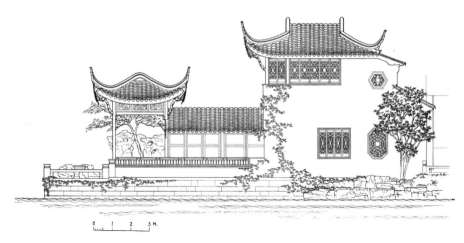

图 194　拙政园香洲侧立面图

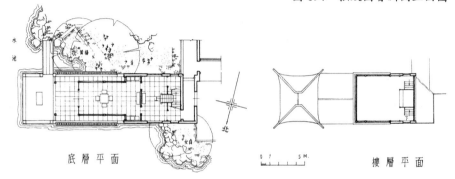

水池

底層平面

北

樓層平面

图 195　拙政园香洲平面图

图 196　拙政园香洲正立面图

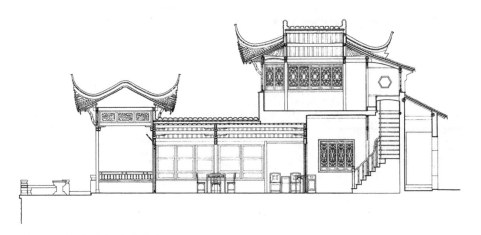

图 197　拙政图香洲剖面图

图 198　拙政图香洲外景之一

图 199　拙政图香洲外景之二

图 200　怡园画舫斋内景

图 201　怡园画舫斋外景

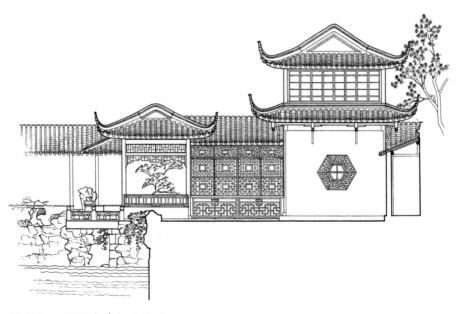

图 202　怡园画舫斋侧立面图

0　　1　　2　　3 M

图 203　怡园画舫斋正立面图

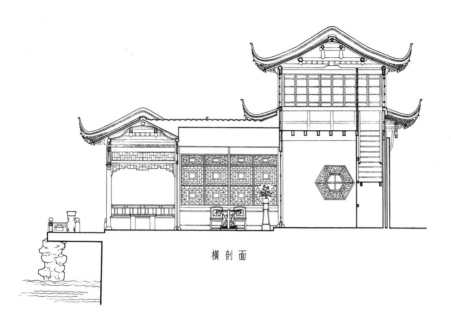

横剖面

(1)

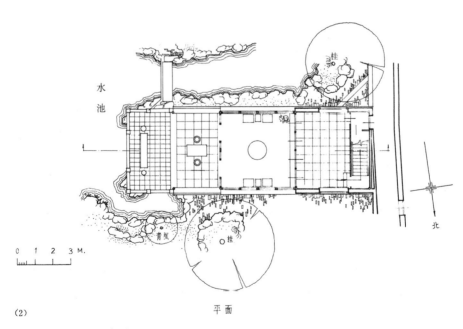

水池

桂

青枫

桂

0 1 2 3 M.

北

平面

(2)

图204　怡园画舫斋横剖面、平面图

成石梁柱结构，临水立面开敞，设有栏杆，屋顶多为歇山回顶式，如网师园的濯缨水阁（图192）、拙政园的芙蓉榭（图189）、耦园的山水间（图737）等。

舫又称旱船，是一种船形建筑，多建于水边。前半部多三面临水，船首的一侧每设有平桥与岸相连，仿跳板之意。舫的平面分前、中、后三段。前舱较高，中舱略低，尾舱则多为二楼，以便眺望，与苏州画舫相似。舫内楼梯均设于尾舱与中舱之间，下层入口处设有舱门。舫首正面开敞，前舱、中舱两侧筑矮墙，其上为连续长窗，尾舱常以粉墙与前舱、中舱作虚实对比。屋顶式样通常是前、后二部分采用歇山顶，中部用两披式。典型的例子为拙政园的香洲（图194~199）和怡园的画舫斋（图200~204），不但比例造型较好，而且装修也颇精美。

旱船不位于池侧的称船厅，平面作长方形，多在短边两面设长窗，长边两面装半窗，屋顶用卷棚歇山式，其中无楼层的如畅园的桐华书屋即是一例。有的船厅后舱楼上，以阁道与附近楼房相连属，但一般不常用，现存的仅南石子街某宅花园一处。

4．亭（图205~251）

亭为休憩凭眺之处，也是园林风景中的重要点缀。亭的位置可设于山上、林中、路旁、水际，式样和大小因地制宜。亭有半亭和独立亭的区别。前者多半与走廊联系，依墙而建，故称半亭，如拙政园东半亭（倚虹亭）（图206~207）、西半亭（别有洞天）（图208~209）。后者每建于池侧、山巅或花木丛中，因而它的位置形体须与环境相配合。如拙政园中部的雪香云蔚亭（图226）建于山上，因山形扁平，故采取长方形平面；该园西部的扇面亭（图247~248）位于池岸向外弯曲处，因而以凸面向外。狮子林的扇子亭（图249~250）建于西南角地势略高处，为了使于凭栏眺望，亦采用凸面向外的形式。

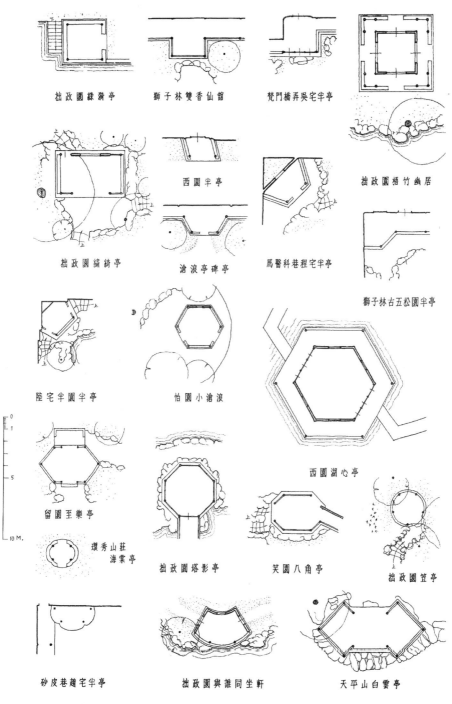

拙政園綠漪亭　　獅子林雙香仙館　　梵門橋弄吳宅半亭

拙政園緝綺亭　　西園半亭　　馬醫科巷程宅半亭　　拙政園梧竹幽居

滄浪亭碑亭

陸宅半園半亭　　怡園小滄浪　　獅子林古五松園半亭

留園至樂亭　　環秀山莊海棠亭　　拙政園塔影亭　　笑園八角亭　　西園湖心亭　　拙政園笠亭

砂皮巷趙宅半亭　　拙政園與誰同坐軒　　天平山白雲亭

图 205　各种亭子平面图

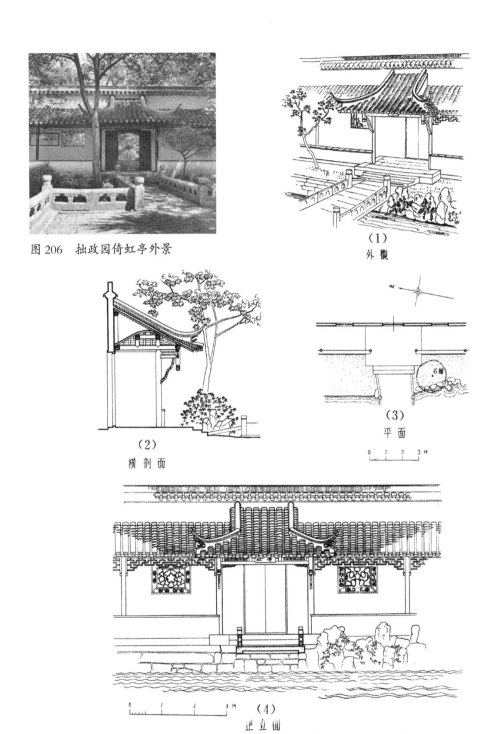

图 206　拙政园倚虹亭外景

（1）
外观

（2）
横剖面

（3）
平面

0 1 2 3 M

（4）
正立面

0 1 2 3 M

图 207　拙政园倚虹亭实测图

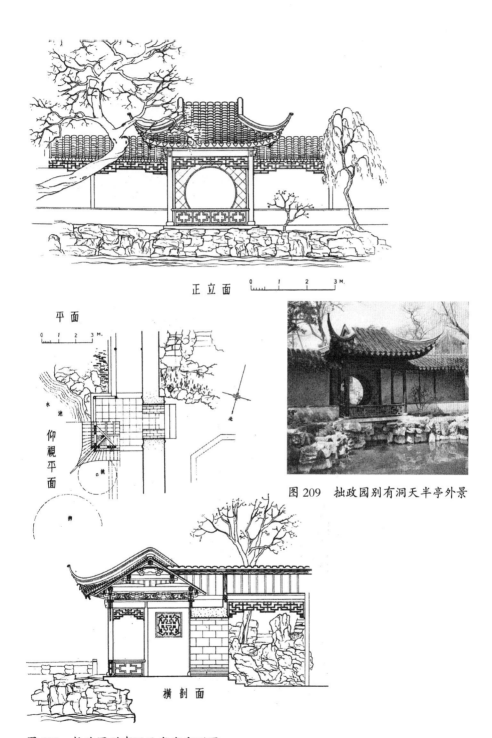

正立面

平面

仰视平面

图 209　拙政园别有洞天半亭外景

横剖面

图 208　拙政园别有洞天半亭实测图

图 210　半园半亭

图 211　留园闻木樨香轩

图 212　狮子林真趣亭外观

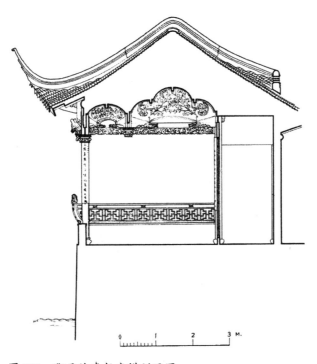

图 213　狮子林真趣亭横剖面图

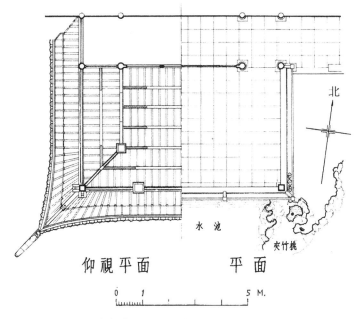

北

水池

夹竹桃

仰视平面　　　　平面

0　1　　　　　　　5 M.

图 214　狮子林真趣亭仰视平面与平面图

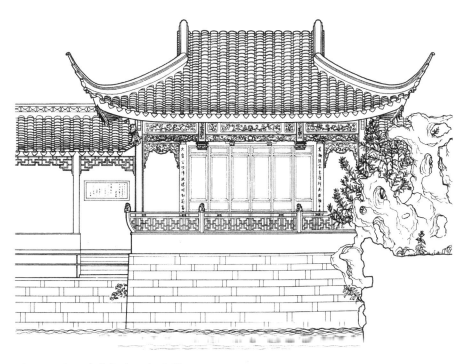

图 215　狮子林真趣亭正立面图

图 216　拙政园绿漪亭外观

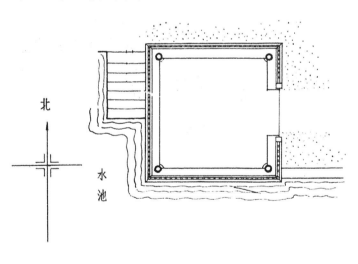

北

水池

0　　1　　2　　3 M.

图 217　拙政园绿漪亭平面图

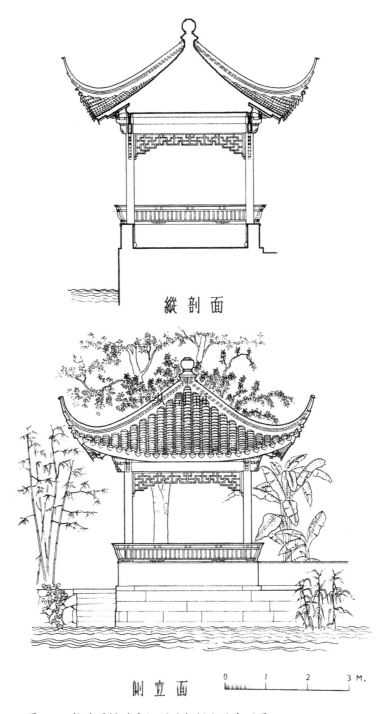

縱剖面

側立面　0　1　2　3 M.

图 218　拙政园绿漪亭纵剖面与侧立面实测图

图 219　沧浪亭

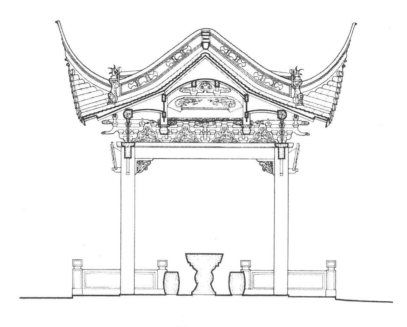

横 剖 面

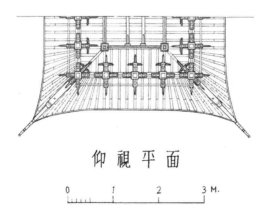

仰 视 平 面

0　　1　　2　　3 M.

图 220　沧浪亭横剖面、仰视平面图

图 221　沧浪亭正立面图

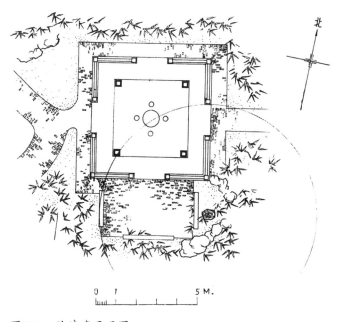

北

0 1   5 M.

图 222　沧浪亭平面图

图 223　拙政园松风亭

图 224　拙政园梧竹幽居亭

图 225　怡园金粟亭

图 226　拙政园雪香云蔚亭

图 227　拙政园绣绮亭外景之一　　　　图 228　拙政园绣绮亭外景之二

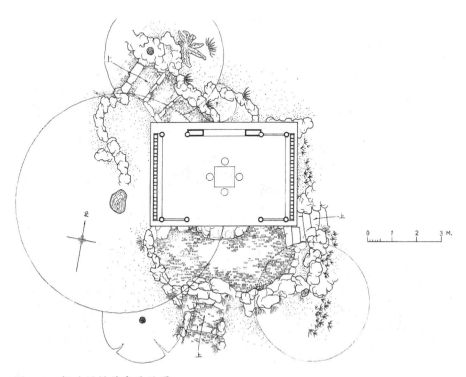

图 229　拙政园绣绮亭平面图

图 230　拙政园绣绮亭正立面实测图

图 231　拙政园绣绮亭横剖面实测图

图 232　拙政园荷风四面亭

图 233　留园可亭

图 234　拙政园宜两亭

图 235　怡园小沧浪亭

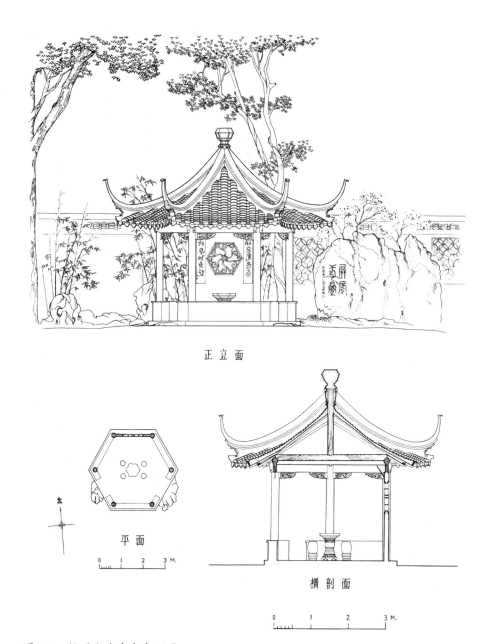

正 立 面

平 面

北

0　1　2　3 M.

横 剖 面

0　1　2　3 M.

图 236　怡园小沧浪亭实测图

图 237　怡园螺髻亭

图 238　拙政园塔影亭

正　立　面

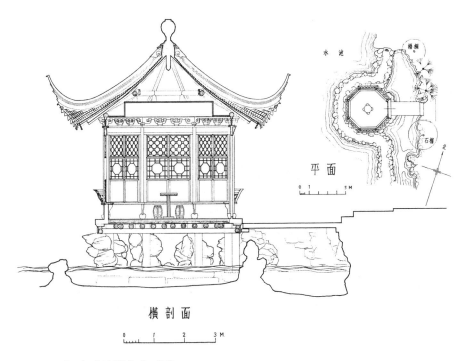

水　池

平　面

0　1　　　　　5 M

横　剖　面

0　1　　2　　3 M

图 239　拙政园塔影亭实测图

图 240　西园湖心亭

图 241　拙政园天泉亭

图 242　拙政园笠亭外景

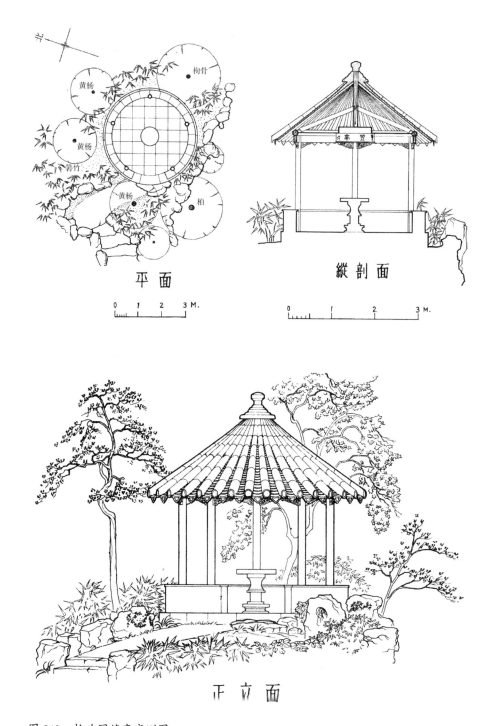

平面

縱剖面

正立面

图 243　拙政园笠亭实测图

图 244　留园舒啸亭

图 245　留园至乐亭

正 立 面

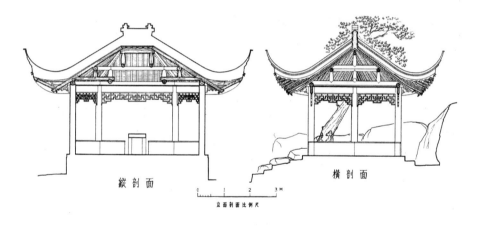

縱 剖 面　　　　　　　　横 剖 面

0　1　2　3 M

立面剖面比例尺

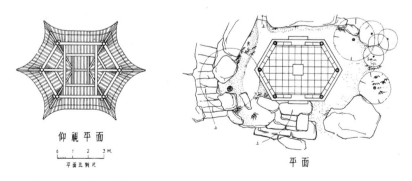

仰 視 平 面　　　　　　　　平 面

0　1　2　3 M.

平面比例尺

图 246　天平山四仙亭实测图

199

图 247　拙政园扇面亭外景

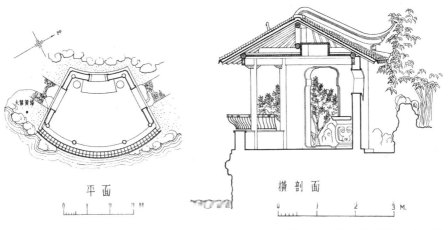

平面　　　　　　　　横剖面

图 248　拙政园扇面亭实测图

图 249　狮子林扇子亭

横 剖 面

（1）

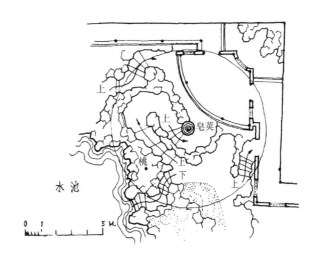

平 面

（2）

图 250　狮子林扇子亭实测图

立面

縱剖面　　　　　　横剖面

屋頂平面　　仰視平面

平面

0 1 2 3 M
平面比例尺

0 1 2 3 M
立面剖面比例尺

图 251　天平山白云亭实测图

亭的平面有方、长方、六角、八角、圆形、梅花、海棠、扇形等类（图205）。方形亭如拙政园的梧竹幽居亭（图224）、怡园的金粟亭（图225）等。长方形平面的如拙政园的雪香云蔚亭、绣绮亭（图226~231）。六角亭如拙政园的荷风四面亭、留园的可亭、怡园的小沧浪亭等（图232~237）。八角亭如拙政园的塔影亭、西园的湖心亭等（图238~241）。圆形亭如拙政园的笠亭（图242~243）。留园的舒啸亭则为六角平面圆顶的例子（图244）。圭角平面的如留园的至乐亭（图245）、天平山的四仙亭（图246）。扇形平面的如拙政园的与谁同坐轩、狮子林的扇子亭。海棠形平面的有环秀山庄新迁建的海棠亭。此外，还有用两个方形平面组成一亭的，如天平山的白云亭（图251）。

亭的立面有单檐重檐之分，其中以单檐居多。亭顶式样多采用歇山式或攒尖顶。宝顶式样也颇多。亭的构造随平面立面而定。单檐方亭通常为四柱或十二柱，六角亭为六柱，八角亭为八柱；重檐方亭可多至十六柱，六角、八角亭的柱数为单檐加倍。方亭柱高按亭面阔的十分之八，柱径按柱高的十分之一；六角亭柱高按面宽的十分之十五；八角亭柱高可按面宽的十分之十六。柱间多不设门窗，柱间下部设半墙或平栏，半墙高约五十厘米，上敷坐槛或鹅颈椅，用以坐憩，上部悬挂落。

5．廊（图252~261）

廊在园林中是联系建筑物的脉络，又常是风景的导游线。它的布置往往随形而弯，依势而曲，蜿蜒透迤，富有变化，而且可以划分空间，增加风景深度。

廊按形式分有直廊、曲廊、波形廊、复廊四种；按位置分有沿墙走廊、空廊、回廊、楼廊、爬山廊、水廊等（图252~253）。廊不但叶绕池沼山林，有时竟跨越山坡，或通过树丛，或翼然水上，将房屋山池等联系成统一的整体。

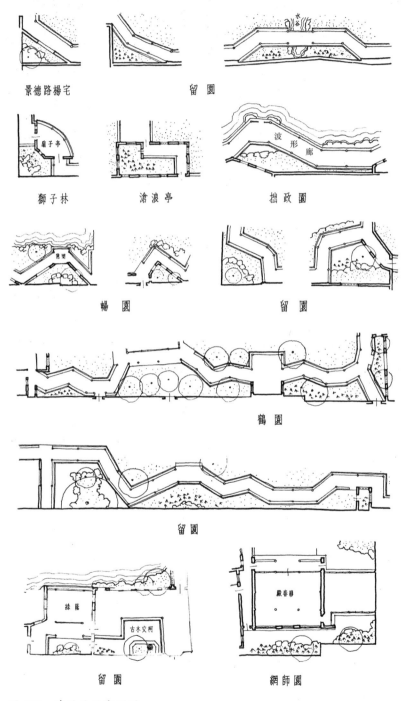

水谷

景德路杨宅　　　　留园

扇子亭

波形廊

狮子林　　滄浪亭　　拙政园

慈云

畅园　　　　　　留园

鹤园

留园

綠荫

古木交柯

殿春簃

留园　　　　網师园

图 252　廊的平面实测图

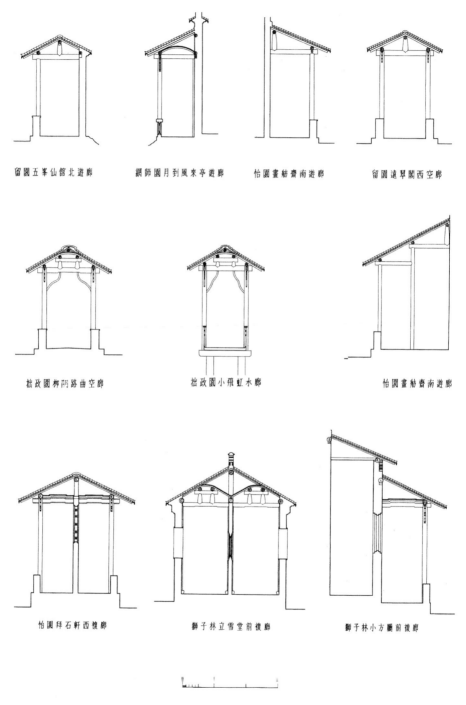

留園五峯仙館北遊廊　　網師園月到風來亭遊廊　　怡園畫舫齋南遊廊　　留園遠翠閣西空廊

拙政園柳陰路曲空廊　　　拙政園小飛虹水廊　　　　怡園畫舫齋南遊廊

怡園拜石軒西複廊　　　　獅子林立雪堂前複廊　　　獅子林小方廳前複廊

图 253　廊的剖面实测图

图 254　拙政园海棠春坞侧廊

图 255　拙政园柳阴路曲空廊

图 256　拙政园西部水廊

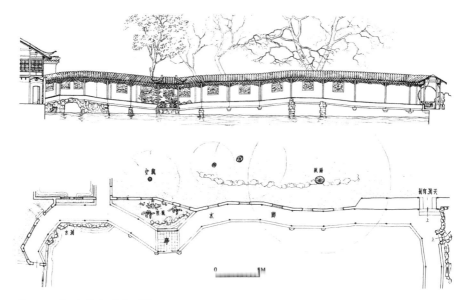

图 257　拙政园水廊实测图

图 258　拙政园见山楼侧楼廊

图 259　怡园复廊

图 260　狮子林复廊

图 261　留园曲廊

　　曲廊多逶迤曲折，仅一部分依墙而建，其他部分则转折向外，因而在廊与墙之间构成若干不同形状的小院，栽花布石，添加无数小景，这是当地园林常用的手法之一（图254~255、261）。

　　复廊即两廊并为一体，中间隔一道墙，墙上可设漏窗，两面都可通行。这种形式在园林中的应用，既可分隔景区，又可通过漏窗使一景区和另一景区互相联系，增加景深，还能产生步移景异的效果。此类复廊作为内外景色的过渡，尤觉自然，如怡园的复廊（图259）、沧浪亭的复廊、狮子林的复廊（图260）。

　　楼廊又称边楼，有上、下两层走廊，多用于楼厅附近，亦有从假山通过边楼而与楼厅相联系的做法，如拙政园见山楼侧楼廊（图258）、耦园的西园藏书楼东部边楼（图731）、南石子街某宅的边楼等。

　　爬山廊建于地势起伏的山坡上，不仅可以把山坡上下的建筑联系起来，而且廊子的造型高低起伏，丰富了园景。如留园涵碧山房西面至闻木樨香轩一段（图596、624）、拙政园见山楼西面爬山廊等（图566）。

　　水廊跨凌于水面之上，能使水面上的空间半通半隔，增加水源深度和水面的辽阔，所谓"浮廊可渡"即象征廊与水的关系，拙政园西部波形廊（图256~257）即水廊一例。

　　廊的造型以轻巧玲珑为上，忌太高与开间过大，一般净宽为1.2米至1.5米左右，柱距3米上下，柱径约15厘米，柱高2.5米左右。立面多为开敞式结构，亦有用漏明墙的，墙上设空窗或漏窗。廊柱之间有的在下部用水磨砖做成空格，或径砌以矮墙，上部覆以砖板，可供坐憩。廊的梁架均较简单，常作三界回顶或二界。沿墙走廊的屋顶皆采用单面坡式，厅堂周围回廊的屋顶则和厅堂为一整体，而在内部做轩。复廊屋顶皆用两坡顶式，以正中隔墙为分界，内部天花亦做成各种轩式。楼廊、水廊、爬山廊、波形廊等因位置不同，其构造方式根据不同的要求灵活处理，但基本上不超出以上几种范围。

（三）建筑构造

1. 屋顶（图262~274）

屋顶是古典园林建筑富有艺术表现力的部分，造型多变，翼角轻盈，成为苏州古典园林建筑玲珑秀丽风格的因素之一。

屋顶常见的式样有硬山、歇山，攒尖数种，而以卷棚歇山顶尤多。不过为了配合环境，有些仅正面屋角反翘，而背面不反翘，也有东端反翘而两端不反翘的。屋顶处理手法虽多变化，而通常做法大致如下。

（1）屋面和提栈。苏州气候温和，风力较小，屋面一般是在望砖或望板上直接铺瓦，仅在屋脊和檐口处用灰泥。圆形攒尖顶的盖瓦用上小下大的筒瓦。

屋面坡度多半较平缓。由于两桁间的高度自下而上逐段增高，屋顶坡度也相应逐渐增大，而使屋面形成曲线，苏州工匠称此制为"提栈"①（图264）。

（2）屋脊。屋顶除回顶（卷棚）外，正脊常见的形式有游脊、甘蔗脊、纹头脊、雌毛脊、哺鸡脊等（图273~274）。前三种式样较简单，常用于普通平房；后二式多用于厅堂，拙政园远香堂的正脊则是较特殊的例子。正脊高度一般自一尺至一尺八寸许，由屋顶的大小而定。垂脊处理较简单，尽头有时也置天王或作回纹花饰，戗脊则多变化，可作各种式样。

（3）屋角。屋顶如为歇山式或攒尖式，屋角反翘式样通常有嫩戗发戗（子角梁起翘）与水戗发戗（戗脊起翘）两种（图265~272、278）。

---

① "提栈"意即清代官式做法的"举架"，宋《营造法式》的"举折"。

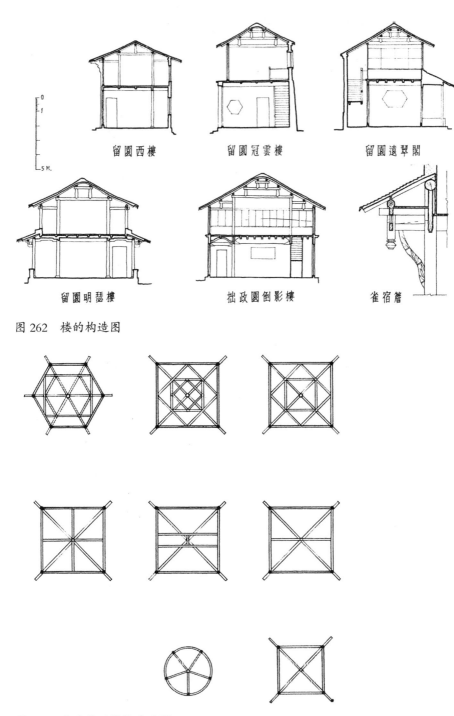

留園西樓　　　留園冠雲樓　　　留園遠翠閣

留園明瑟樓　　　拙政園倒影樓　　　雀宿簷

图 262　楼的构造图

图 263　亭子屋顶结构平面图

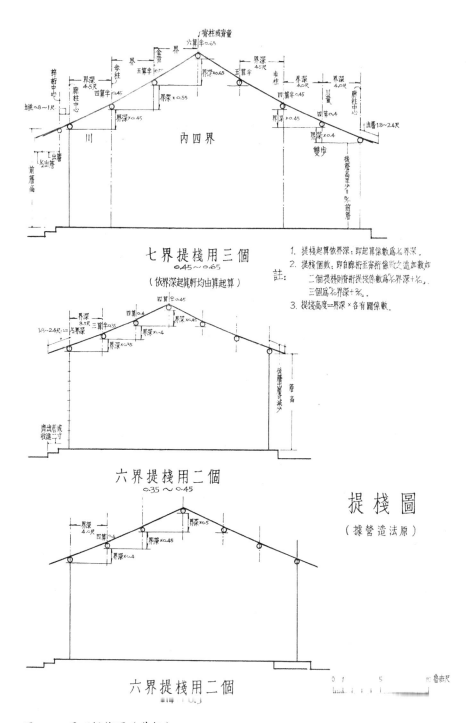

七界提栈用三個
0.45～0.65
（依界深箅起均由箅起算）

六界提栈用二個
0.35～0.45

六界提栈用二個

提　栈　圖
（據營造法原）

註：
1. 提栈起箅依界深，即起箅係數為名界深。
2. 提栈個數，即自廊桁至脊桁係數之逆加數如二個提栈則脊桁提栈係數為某界深＋名，三個為名界深＋名。
3. 提淺高度＝界深×各有關係數。

图264　屋顶提栈图（举架）

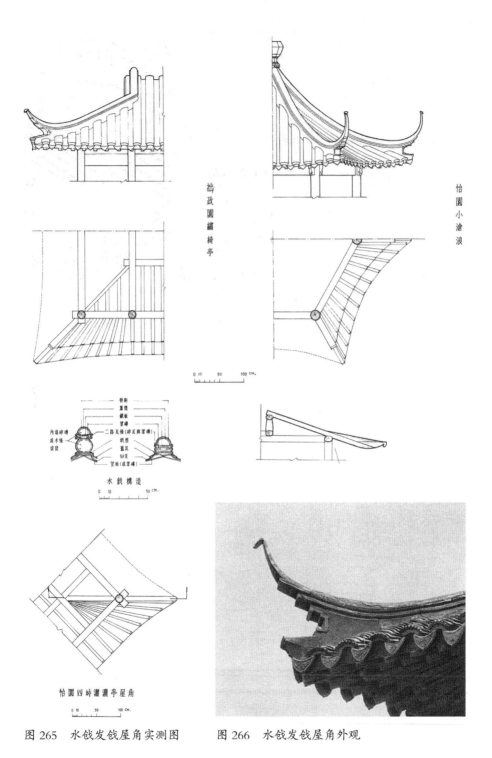

拙政園繡綺亭

怡園小滄浪

0 10　50　100 CM.

水戧構造

0 10　50 CM.

怡園四時瀟灑亭屋角

0 10　50　100 CM.

图 265　水戗发戗屋角实测图　　图 266　水戗发戗屋角外观

图 267　嫩戗发戗屋角外观　　　　图 268　嫩戗发戗屋角仰视

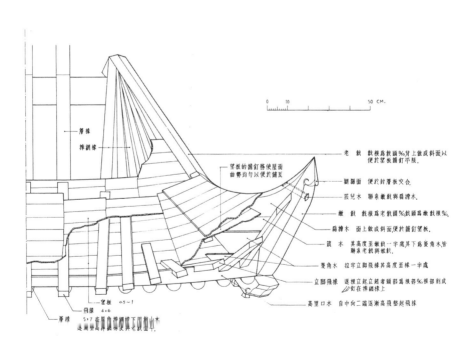

图 269　嫩戗发戗屋角构造图

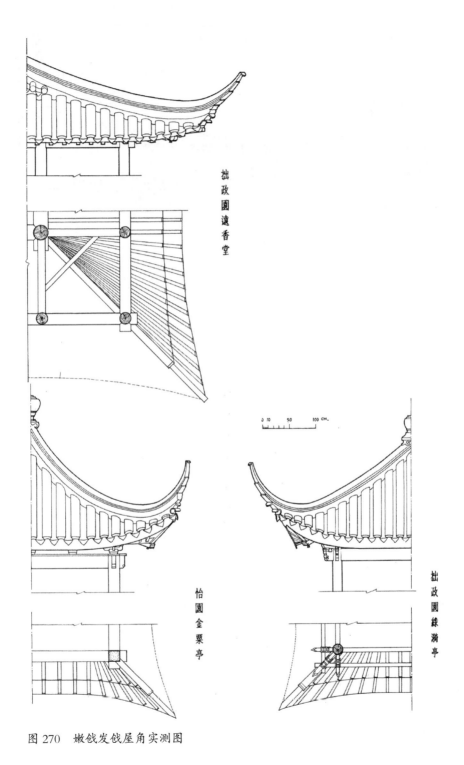

拙政园远香堂

怡园金粟亭

拙政园绿漪亭

图 270　嫩戗发戗屋角实测图

图 271　嫩戗发戗屋角构造

图 272　怡园金粟亭屋角

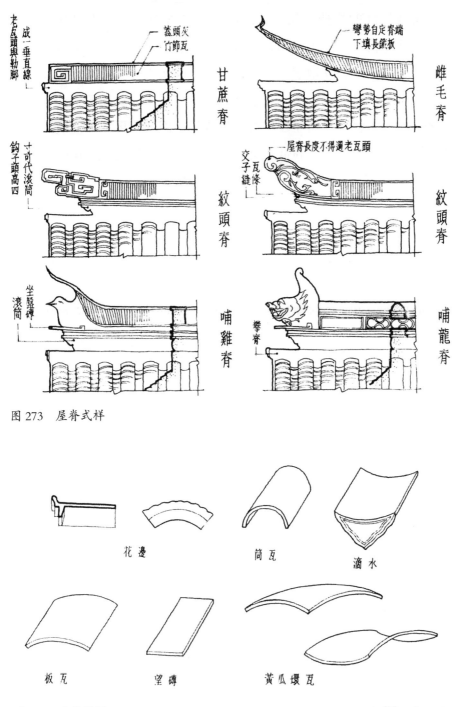

甘蔗脊
盖头灰
竹节瓦
老老瓦头与勒脚
成一垂直线

雌毛脊
弯势自定脊端
下填长铁板

纹头脊
钩子头衮筒
十可代衮筒高四

纹头脊
屋脊长度不得过老瓦头
交子瓦缝

哺鸡脊
坐坐脚砖
衮筒

哺龙脊
攀脊

图 273　屋脊式样

花边　　筒瓦　　滴水

板瓦　　望砖　　黄瓜壤瓦

图 274　瓦件详图

219

水戗发戗的构造较简易，只有老戗（老角梁）没有嫩戗（子角梁），而木构件本身不起翘，仅戗脊端部翘起。嫩戗发戗的构造较复杂，其老戗下端斜立嫩戗，故屋檐两端升起较大。老戗和嫩戗相交的角度，一般须是老戗、嫩戗和水平线成的两锐角大致相等，而老戗与水平线所成角度是根据屋顶坡度而形成的。因此，屋顶坡度决定后，也就决定了屋角起翘的高低。这是因为考虑屋顶坡度如果很陡，屋角起翘很低；或者屋顶坡度低，而屋角起翘高，都容易产生生硬的感觉。怡园四时潇洒亭和画舫斋虽只有老戗，但下端弯起，形似嫩戗，是一种变体。

两种发戗（屋角起翘）的木构造虽不同，但水戗（戗脊）的构造大体相同，不过有的挺拔有力，有的平缓舒展，都赋予建筑以轻巧、活泼的形象。水戗的高度与曲率一般同屋顶的大小和坡度成正比。

两种发戗的应用，除与屋面坡度有关外，还须注意周围环境与各建筑的相互关系和艺术效果。如拙政园中部的远香堂和倚玉轩的屋角同为嫩戗，但起翘的缓陡显然不同，形成稳重和轻巧的对比。

2．梁架（图275~287）

梁架结构随建筑形式的不同，变化颇多，但其共同特点是善于运用草架和复水椽。凡厅堂轩榭前后添卷，或鸳鸯厅内部的回顶，都用此种方法，内部看来，好像是几个屋顶的联合，但从外部看去仍是一个整体。多数草架是随外表屋面与内部轩卷的要求，自由变化，不受间架的限制，施工可较粗糙，而又不致影响室内的艺术效果。复水椽与望砖常可用以代替天花板，便于隔热防寒。梁柱的比例较为轻巧挺秀，其间施以各种花纹的挂落，具有南方建筑的特色。

各类梁架结构依屋顶形式的不同，大体可分为三类。

（1）在硬山、悬山、歇山三种屋顶中，前两种的梁架结构由"贴"（苏州工匠称每榀梁架为"贴"）组成（图262），大处则多用回顶，因其顶界处所成曲线显得柔和，并与卷棚屋顶相适应。回顶梁架用料可为扁作，亦可圆料（图164）。歇山顶的亭子也多用此种做法，例如拙政园西半亭（图208~209）、留园又一村亭等。

"贴"式虽多变化，但是构造原则不外乎在柱上架梁，梁上再置童柱（瓜柱）或斗，层层相叠，以承桁椽。因此，梁架各构件的形式都有一定的做法，其中以厅堂的梁架做工最为精致，用料也较考究（图276~277）。厅堂用斗栱的很少，个别的例如拙政园三十六鸳鸯馆，檐下为一斗三升，柱头用坐斗（图168）。

（2）攒尖式屋顶的梁架，大致有三种做法。

一是用老戗支撑灯心木。这种做法可在灯心木下做轩，加强装饰性，如景德路某宅六角亭。但由于刚性较差，只适用于较小的亭。拙政园笠亭亦为此种做法，只是老戗又挑出檐桁外（图243）。

二是用大梁支撑灯心木。一般大梁仅一根，如亭较大，可架两根大梁，或平行，或垂直，但因梁架较零乱，须做天花遮没，实例如怡园小沧浪亭（图278）。

三是用搭角梁的做法。如为方亭，结构较为简易，只在下层搭角梁上立童柱，柱上再架成四方形的搭角梁，与下层相错45°便可。如为六角亭或八角亭，则上层搭角梁也相应地须呈六角形或八角形，以便架老戗。梁架下可做轩或天花，亦可开敞，实例如拙政园的塔影亭（图279）。艺圃乳鱼亭梁架结构较特殊，方形攒尖顶，搭角梁架于檐下斗上，其上置斗，再架老戗，戗尾挑出较长，其上桁条呈井字形天花（图280）。

（3）混合式屋顶，由于建筑平面较特殊，梁架做法也较灵活，以满足屋顶外形的要求。实例有拙政园的扇面亭（图248）、天平山的白云亭（图251）和四仙亭（图246）等。

3．油漆

苏州园林建筑所用的油漆，其用料和施工，多继承当地的传统旧法，与一般的油漆工程不同。园林建筑里常用的油漆做法有四种：

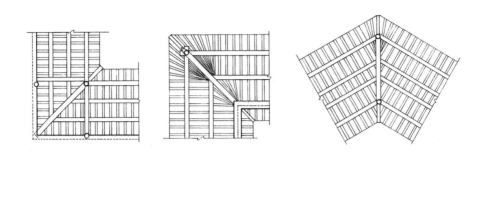

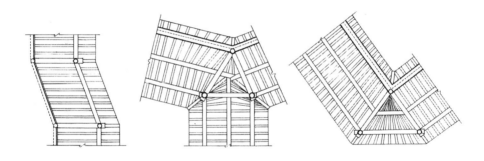

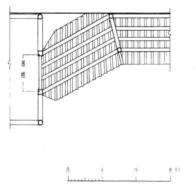

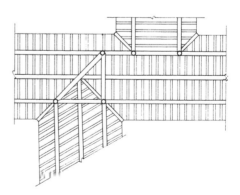

图 275　走廊梁架仰视平面图

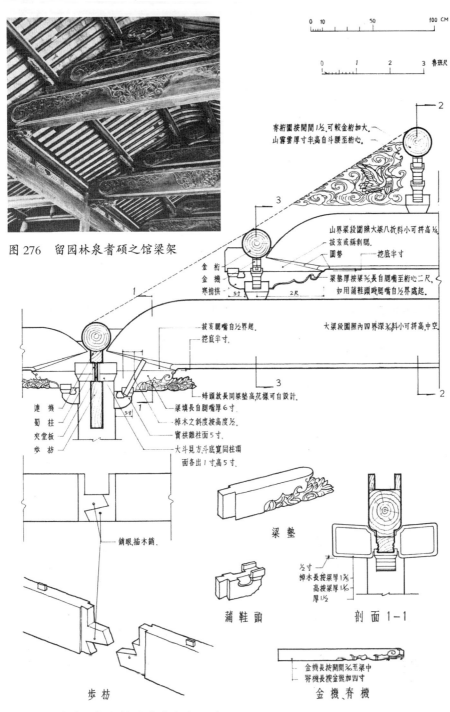

图 276　留园林泉耆硕之馆梁架

图 277　扁作梁架大样图（详见图282）

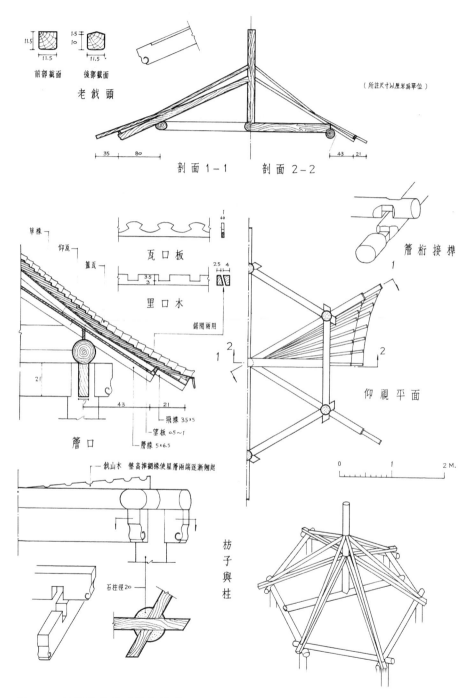

（所註尺寸以厘米爲單位）

前部截面　後部截面

老戧頭

剖面 1-1　　剖面 2-2

瓦口板

里口木

簷口

簷桁接榫

仰視平面

枋子與柱

图 278　怡园小沧浪亭梁架构造

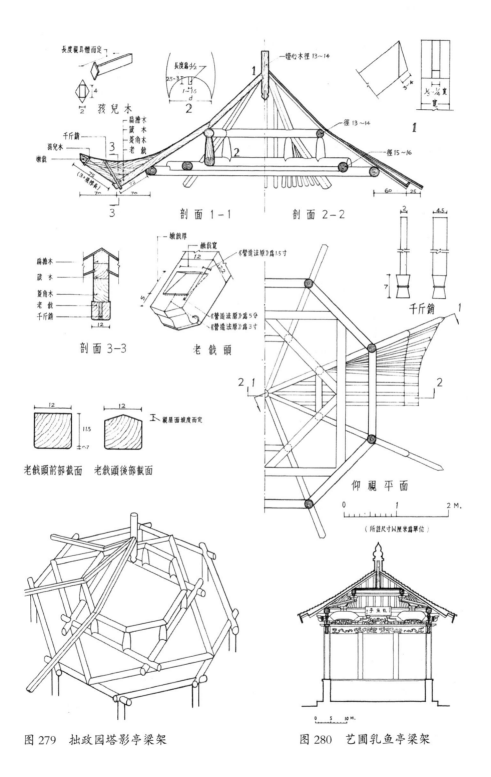

長度視具體而定

孩兒木

千斤銷

扁擔木
箴木
菱角木
老戧
嫩戧

剖面 1-1

剖面 2-2

燈心木径 13～14

径 13～14

径 15～16

剖面 3-3

老戧頭

扁擔木
箴木
菱角木
老戧
千斤銷

千斤銷

老戧頭前部截面　老戧頭後部截面

仰視平面

（所註尺寸以釐米為單位）

图 279　拙政园塔影亭梁架　　　　图 280　艺圃乳鱼亭梁架

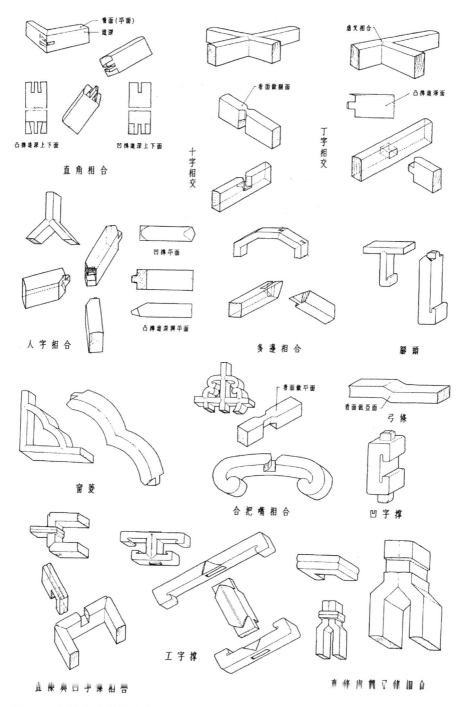

看面(平面)
進深
凸榫進深上下面　凹榫進深上下面
直角相合
十字相交
看面做翹面
虎叉相合
丁字相交
凸榫進深面
凹榫平面
凸榫進深與平面
人字相合
多邊相合
翹頭
看面做平面
窗菱
合把嘴相合
弓條
看面做亞面
凹字撐
工字撐
直榫與凹字榫相合
直榫內撐弓條相合

图 281　木结构榫卯详图之一

226

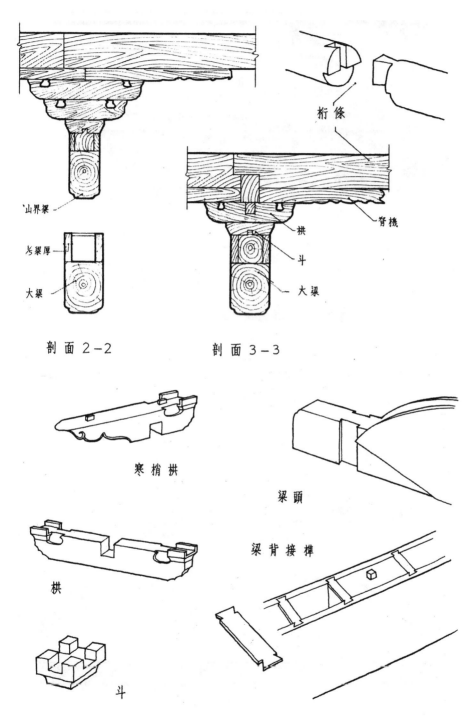

桁條

山界梁

与梁厚

大梁

剖面 2-2

脊檬

拱

斗

大梁

剖面 3-3

寒梢拱

梁頭

拱

梁背接榫

斗

图 282　木结构榫卯详图之二（详见图 277）

图 283　怡园复廊茶壶档轩

图 284　铁瓶巷 22 号某宅花厅贡式梁架与船篷轩

图 285　网师园走廊弓形轩

图 286　怡园走廊菱角轩

图 287　拙政园三十六鸳鸯馆鹤胫轩

第一种用于一般建筑的柱、梁、枋、椽等处的为"满披面漆，一铺广漆"①。这是在木料上先用面漆作底层，其上加稀猪血浆一层作调色之用，最后以广漆一铺作盖面。这种油漆多为栗壳色，亦可做成其他颜色。

第二种是"满披面漆，两铺广漆"，用于门窗和内外装修。如为考究工程，则不用猪血面漆，而用广漆面漆作底，并且不用稀猪血浆调色，而以广漆调色，可使漆与木料结合密切，更为耐久。其颜色以栗壳色居多，但亦可调配为其他各种颜色。

第三种是"满披面漆，一铺黑广漆"，色黑，表面有光泽，常用于厅堂的柱子及大门。

第四种是"灰布罩黑光漆"，比第三种更为考究，即清官式的"披麻捉灰"做法，如拙政园远香堂与留园五峰仙馆的柱子就是使用这种油漆做法。

（四）装修

园林建筑的装修，具有中国古代建筑装修所固有的轻便灵活的特点，由于形体秀丽，雕刻精美，点缀衬托相宜，不仅能满足功能上分隔空间的要求，还能适应园林风格，使建筑形体与细部相结合，发挥了应有的艺术效果。如各种各样的门窗做法与布置方式，以及富有变化的挂落、长窗（槅扇）、心仔（窗棂）构图、装饰花纹、雕镂、油漆等，构成了园林建筑玲珑、秀丽、多姿的外观，丰富了园林艺术。

有变化的处理和重点装饰，是苏州古典园林运用装修的常见手法，从而形成了主次分明，形式丰富和生动活泼的艺术效果。在同一园林中，不同建筑的装修布置各具特色。如厅堂多在明间设长窗，次间设地坪窗（勾栏槛窗），四周绕以廊轩，廊柱上部装

---

① 广漆指湖南、湖北的生漆。

有挂落，雕饰精致；室内纱槅上裱糊字画或彩色纱绢。若为四面厅，四周用落地明罩，从上到下都用玻璃，不用裙板，以便于观赏景色。轩馆小筑则常面阔三间，中间设长窗，次间设半墙半窗，两侧为硬山墙或屏风墙，室内多在建筑背面做一式长窗，雕刻简朴，另成一种格局。亭榭则在柱间悬挂落，下部有时设槛墙或鹅颈椅，以供坐憩。楼阁常用和合窗（支摘窗），其下层用粉墙、洞门等。

建筑装修，采取重点处理手法的也屡见不鲜。如拙政园西部留听阁的装修集中于内部，其飞罩、长窗均极尽变化之妙。三十六鸳鸯馆南北栏杆花纹，沧浪亭翠玲珑的裙板雕饰，皆扇扇不同。又如厅堂为了突出明间，装修往往富丽精致，左右各间的装修则比较简洁。

雕饰较多的装修所用木料，以质地坚硬细致的楠木、红木、花梨、黄杨和银杏等优质木料为多，一般装修则用松木及杉木。优质木料常露出木纹本色，或漆以栗褐、重枣、乌黑或焦黄诸色，衬以白墙与灰色的水磨砖门框，组成素净与温和的色调。

装修可分为外檐装修和内檐装修两类。

1．外檐装修（图288~339）

外檐装修有长窗、半窗半墙、地坪窗、横风窗（横披）、和合窗、砖框花窗，以及各种挂落、栏杆等。

（1）长窗（槅扇）通常落地，布置在明间，或用于全部开间。一间可设四扇、六扇、八扇，视开间的大小而定，而以六扇的较多。长窗的内心仔部分过去装蛎壳，后来才有玻璃。内心仔花纹式样很多，常用的有十余种，各种花纹又有不少变化。

长窗的夹堂和裙板常用通长的木板，上施雕饰，形成阴阳起伏的断面，花纹多雕如意、静物、花草等式。如全用心仔不用裙板从上至下全部透空，显得玲珑透漏，称落地明罩，如拙政园远香堂长窗。边梃、横头料的看面线脚分亚面、浑面、文武面、合桃线等。梃面和横

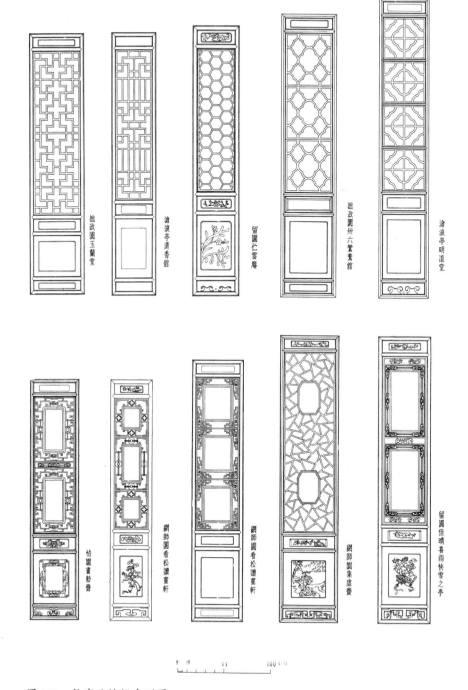

拙政園玉蘭堂

滄浪亭清香館

留園仁雲庵

拙政園卅六鴛鴦館

滄浪亭明道堂

怡園畫舫齋

網師園看松讀畫軒

網師園看松讀畫軒

網師園集虛齋

留園佳晴喜雨快雪之亭

图 288　长窗及纱槅实测图

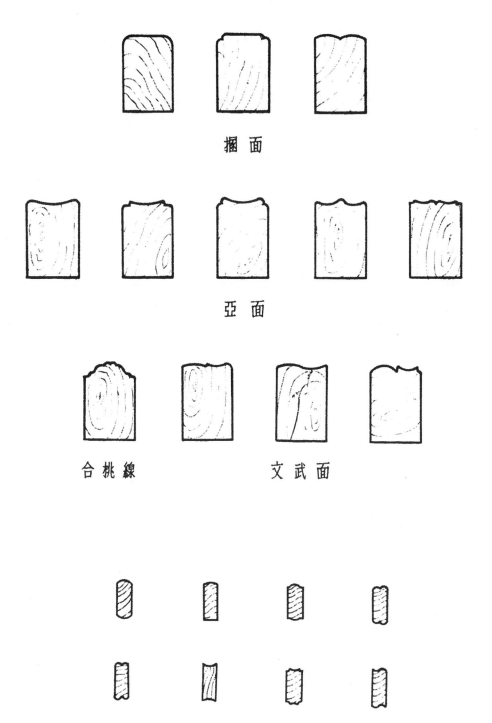

图 289　长窗边梃及芯仔断面图

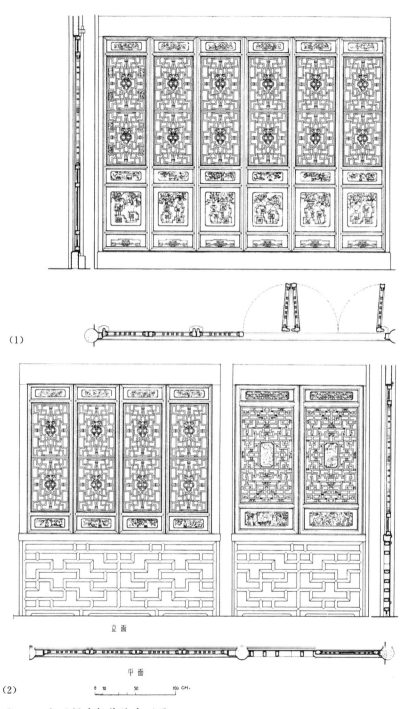

（1）

立面

平面

（2）

0　10　　　50　　　100 CM.

图 290　留园揖峰轩装修实测图

图 291　留园仁云庵内景

图 292　网师园长窗

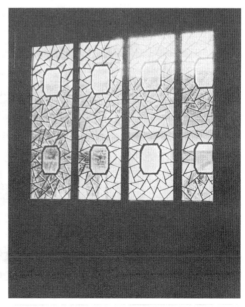

图 293　怡园碧梧栖凤半窗

图 294　留园五峰仙馆长窗

图 295　留园佳晴喜雨快雪之亭长窗　　　图 296　留园西楼上层装修

图 297　留园西楼底层装修

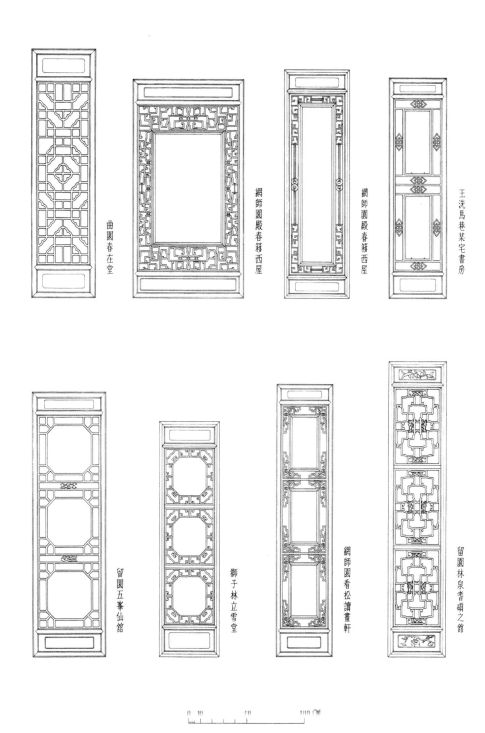

曲園春在堂

網師園殿春簃西屋

網師園殿春簃西屋

王洗馬巷某宅書房

留園五峯仙舘

獅子林立雪堂

網師園看松讀畫軒

留園林泉耆碩之舘

图 298　半窗及地坪窗实测图

图 299　留园还我读书处窗格

图 300　留园五峰仙馆窗格

图 301　留园林泉耆硕之馆窗格

图 302　留园西楼上层窗格

图 303　西圃东林内窗格

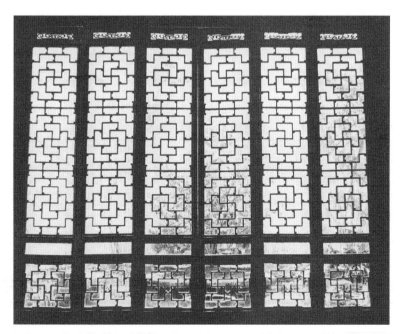

图 304　大石头巷某宅窗格

图 305　拙政园远香堂窗格

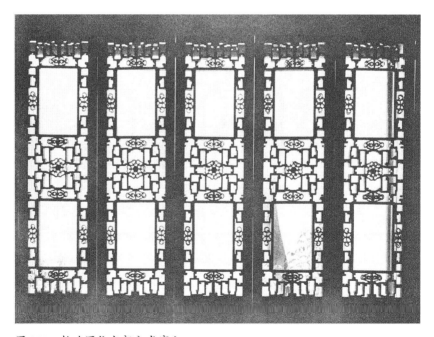

图 306　拙政园住宅部分半窗之一

图 307　拙政园住宅部分半窗之二

图 308　拙政园玉兰堂半窗

图 309　拙政园住宅部分半窗

图 310　拙政园留听阁半窗

图 311　网师园看松读画轩半窗

图 312　网师园半窗

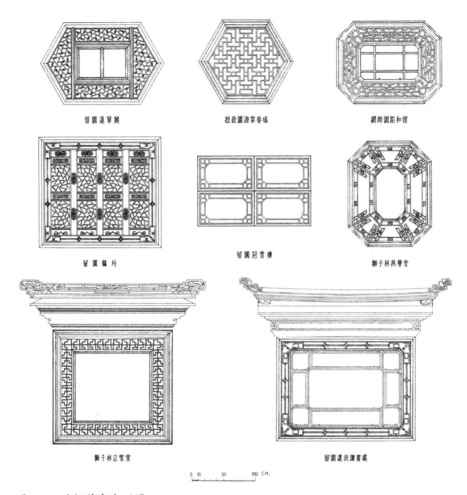

图 313　砖框花窗实测图

图 314　留园还我读书处砖框花窗

图 315　留园冠云楼砖框花窗

图 316　留园汲古得绠处砖框花窗

图 317　狮子林燕誉堂砖框花窗

247

图 318　留园西楼砖框花窗

图 319　留园鹤所砖框花窗

图 320　留园揖峰轩砖框花窗

图 321　留园远翠阁和合窗

图 322　留园远翠阁和合窗

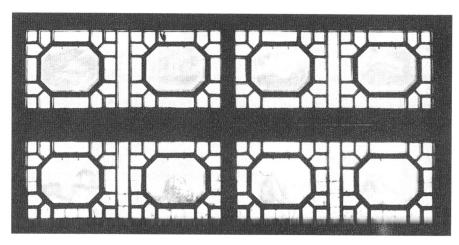

图 323　留园西楼上层和合窗

图 324　怡园碧梧栖凤半窗

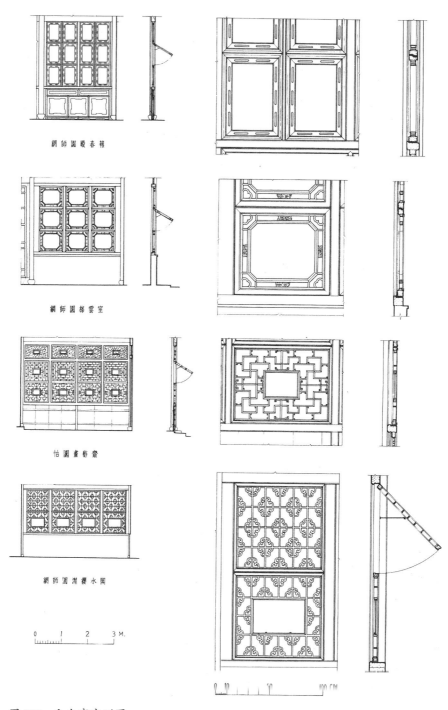

網師園殿春簃

網師園樓雲室

怡園畫舫齋

網師園濯纓水閣

0　1　2　3 M.

0　10　100 CM.

图325　和合窗实测图

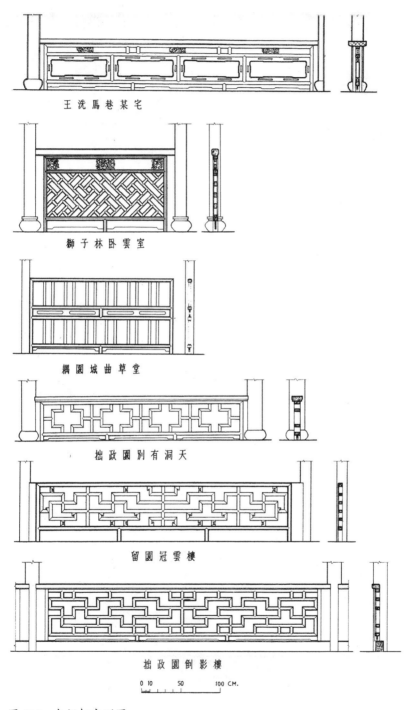

王洗馬巷某宅

獅子林臥雲室

耦園城曲草堂

拙政園別有洞天

留園冠雲樓

拙政園倒影樓

0　10　　50　　100 CM.

图 326　木栏杆实测图

图 327　狮子林卧云室栏杆

图 328　拙政园三十六鸳鸯馆栏杆

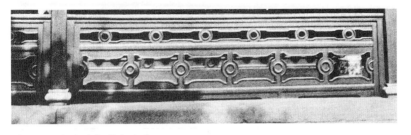

图 329　狮子林指柏轩栏杆

图 330　拙政园玉兰堂栏杆

图 331　狮子林燕誉堂栏杆

图 332　网师园集虚斋栏杆

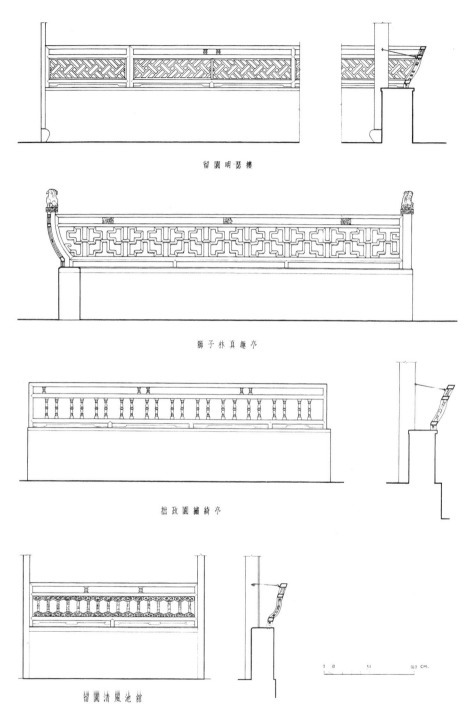

留園明瑟樓

獅子林真趣亭

拙政園繡綺亭

留園清風池館

图 333　鹅颈椅实测图

图 334　留园绿荫轩鹅颈椅

图 335　狮子林真趣亭鹅颈椅

图 336　网师园射鸭廊鹅颈椅

图 337　留园明瑟楼鹅颈椅

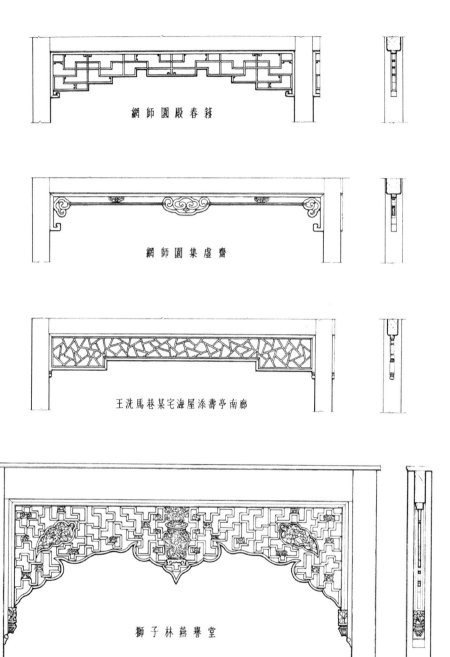

網師園殿春簃

網師園集虛齋

王洗馬巷某宅海屋添壽亭南廊

獅子林燕譽堂

0 10 50 100 CM.

图 338 挂落实测图

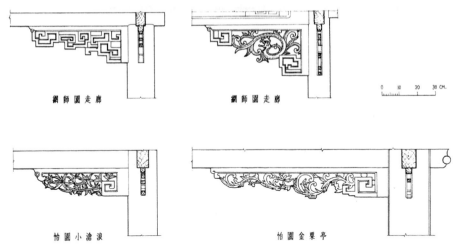

图 339　花牙子实测图

头料的线脚周匝衔接。

（2）半窗半墙常用在次间、过道和亭阁的柱间。半墙高约一尺[1]半，上设半窗与坐槛，并可坐人。如用在亭阁处，坐槛外还可装设鹅颈椅。窗的宽度根据开间尺寸决定，大致与长窗相同，自一尺半至二尺（50厘米至65厘米）。

（3）地坪窗多用在厅堂次间廊柱之间，通常为六扇。其式样与构造和长窗相似，但长度仅等于长窗中夹堂下的横头料至窗顶的尺寸。窗下为栏杆，栏杆和窗的花纹均向内，栏杆外装雨挞板，遮蔽风雨，可随时装卸。

（4）横风窗用于较高房屋中，装在上槛和中槛之间，成扁长方形。

（5）和合窗式样较特殊，其开关方法不同于上列各窗，而是上、下两窗固定，中间可用摘钩支撑，北方称为支摘窗。

（6）砖框花窗用在建筑的山墙上，砖框为水磨砖拼接而成，外形有方、长方、六角、八角等式，但此窗不能启闭。较大的窗还在窗

---

[1]　编者注：1尺≈33.3厘米。

上做窗罩，除有装饰作用外，又可遮雨保护窗扇。

上列各窗的花纹大致与长窗的花纹相同，线脚形式亦同前。

（7）栏杆常装在走廊两柱之间，也可装在地坪窗、和合窗之下代替半墙。栏杆有高、低两种。低的，称半栏，高一尺半至二尺二寸，上设坐槛，多装在走廊之间。高的，一般为长窗高的三分之一。花纹以美观而能与周围相调和为宜。栏杆线脚仅有浑面、亚面、木角（直角）三式，取其简洁大方。

（8）鹅颈椅多用于临水的亭榭楼阁中，因靠背弯曲似鹅颈而得名。其边框两端底部开较浅的榫与坐板相结合，用铁钩与柱联系，可作为坐憩时凭依用。

（9）挂落是用木条相搭而成，悬装在廊柱间枋子之下。挂落式样以卍、川居多，藤茎和冰纹不多见。挂落的构造以三边作边框，而两边框的下端作钩头形，雕成如意纹。边框多用榫接固定于柱上。挂落则一端用榫，一端插竹销，连接在边框上，可装可卸。

2．内檐装修（图340~353）

内檐装修大致有纱槅（又名纱窗）和罩两种，其特点是布置灵活，式样多变，用以区别使用性质不同的空间和烘托出建筑物的性质。如厅堂常用纱槅与罩分为前、后二部。鸳鸯厅的做法，尤能说明内檐装修在功能上的作用；厅内脊柱落地，往往在明间脊柱间设纱槅，而在左右次间脊柱间施挂落飞罩，将内部分为前后两个不同的使用部分。

为了使空间有变化和有层次，室内使用纱槅或飞罩不但能将一个宽敞的空间划分成若干个小巧玲珑的活动范围，形成若干层次和流通的空间，并且可随使用要求布置家具，使室内各部分空间能分能合，灵活多变。

（1）罩有飞罩、落地罩、挂落飞罩三种（图344~353）。飞罩和挂落相似，但两端下垂如拱门，用在脊柱或纱槅之间。落地罩的形式

图 340　留园林泉耆硕之馆装修

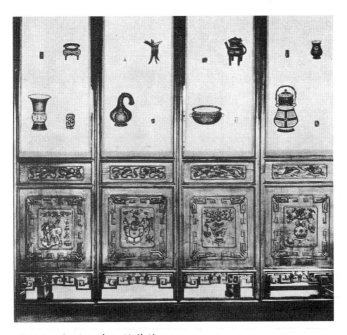

图 341　留园五峰仙馆装修

图 342　留园五峰仙馆纱槅

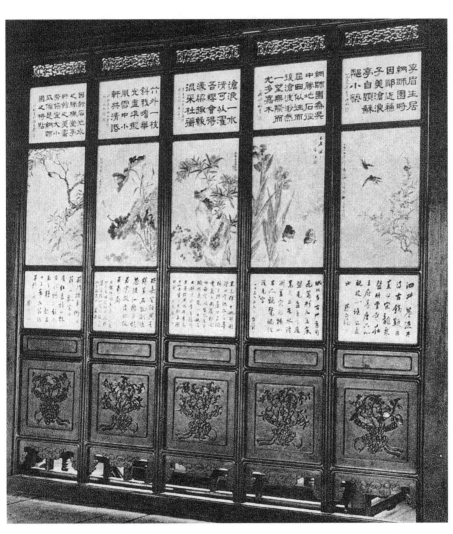

图343 网师园看松读画轩纱槅

图 344　网师园梯云室落地罩

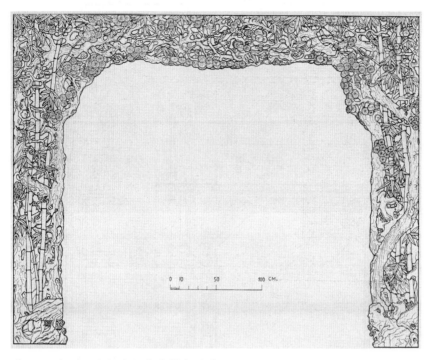

图 345　耦园山水间水阁落地罩实测图

图 346　拙政园留听阁飞罩实测图

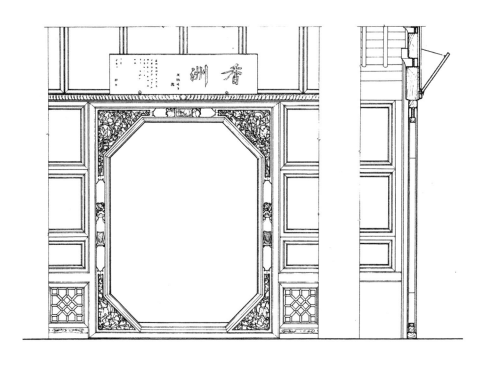

0　10　　　50　　　　100 CM.

图 347　拙政园香洲落地罩实测图

图 348　狮子林古五松园落地罩

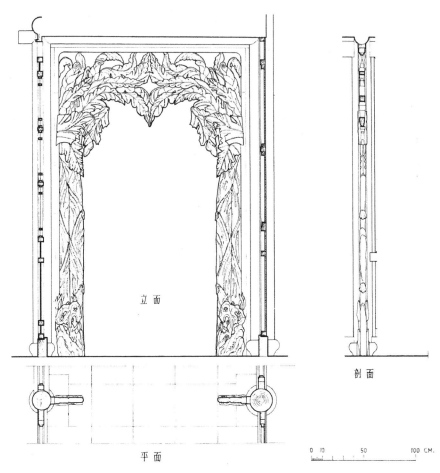

立面

平面

剖面

0 10   50   100 CM.

图 349　狮子林古五松园落地罩实测图

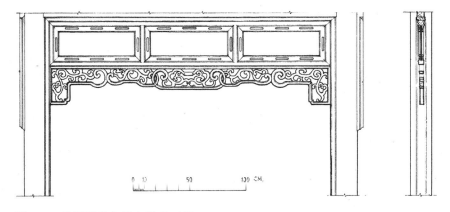

0 10   50   100 CM.

图 350　网师园殿春簃飞罩实测图

图 351　狮子林立雪堂圆光罩

图 352　留园五峰仙馆挂落飞罩

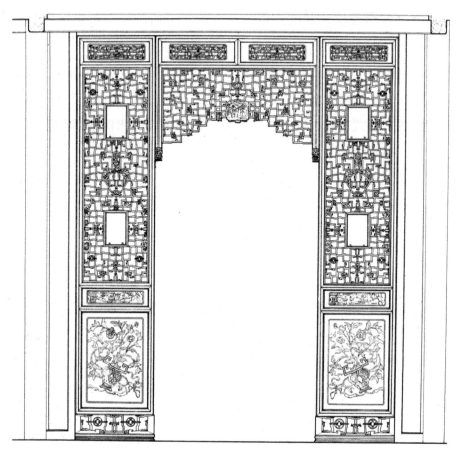

0 10   50 CM

图 353　留园五峰仙馆挂落飞罩实测图

是飞罩二端落地，内缘作方、圆、八角等形状。挂落飞罩和挂落形式相似，但两端下垂比飞罩为短。罩的大小、形式一般视空间的大小而决定。

　　罩的花纹有藤茎、乱纹、雀梅、松鼠合桃、整纹、喜桃藤等式。罩的构造大致和挂落相同，但飞罩和落地罩有以整块或两三块木料雕空而成者，材料多用银杏、花梨等优质木料，便于雕琢花纹。

　　罩的佳例，如留园林泉耆硕之馆的圆光罩，由于面积较大，为了避免单薄之感，边框采用内外两圆形式，框内有重点而又均匀地分布

271

了较大的叶形花纹，其间连以较纤细的、绕曲的树枝形花纹作为衬托，构图自由而富于变化，罩的雕镂与拼接也很精细。又如拙政园留听阁的飞罩，利用树根形长条花纹贯穿全罩，而在中间和两角以松、雀、梅纹样作点缀，显得小巧玲珑，能与建筑相适应。狮子林古五松园芭蕉罩，形式少见，雕刻也较写实。耦园山水间水阁的落地罩，体型较大，雕刻精美，是一个突出的例子。

（2）纱槅形式与长窗相似，但在内心仔背面或钉青纱或钉木板，板上裱字画（图341~343）。通常分内心仔为三部，中作长方框档，四周镶回纹装饰，称插角，或在四周连雕花结子。也有在框内镶冰纹彩色玻璃，四周镶花结的。纱槅形式轻巧秀丽，其夹堂和裙板多雕花草或案头供物。有的用黄杨雕刻花纹胶贴，结子插角也可以用黄杨、银杏雕成。

（五）家具及陈设

家具及陈设在园林建筑内部是不可缺少的部分，它既供日常起居、接待、宴饮、休息之用，又起着装饰作用。厅堂内部往往要靠家具的布置来烘托空间的主次；也要用家具来填补空间，以免过分空旷。它很明显地反映着旧时园主的剥削阶级生活方式和意识形态（图151、354~357）。

室内所用家具的种类和式样很多，常用的有以下几种。

1. 几案

几案有茶几、花几、天然几、供桌、琴桌。

茶几分方形、矩形两种。由于放在椅子之间成套使用，所以它的形式、装饰、几面镶嵌，以及所用材料和色彩等随着椅子而决定。

花几供搁置盆花之用，常置于纱槅前天然几的两侧，或置室隅，高三尺或三尺以上，雕饰比较简单。

天然几长七八尺，宽尺余，高过桌面五六寸[①]，两端飞角起翘，下面两足作片状。所用装饰有如意、雷纹、卍字等。

供桌、琴桌，前者与天然几相似，但端部无飞角，下设四脚，高度同方桌，置于天然几前。琴桌与供桌相似，但较低矮狭小，多依墙而设，仅作为陈设之用，其雕饰种类与天然几一样。

2. 桌

桌有方、圆各种形式。其中大圆桌六足，小圆桌五足。桌面常用不同材料镶嵌，可更换，夏季常用大理石，冬季易以各种优质木料面板。此外，还有可拼拆的长方桌和半圆形桌，式样变化颇多。

3. 椅

太师椅在封建社会是最隆重的坐具，椅背形式中高侧低，如凸字形状。椅背上常嵌圆形大理石，配以葫芦、贝叶等图案。

一统背式椅，这种椅有靠背而无扶手，形体比较简单，多用普通木材制作。常两椅夹一几放在两侧山墙处，或其他非主要地位。

官帽式椅在一统背式椅的左右两侧加扶手而成。其式样和装饰有简单的也有复杂的，常和茶几配合成套，以四椅二几置于厅堂明间的两侧，作对称式陈列。

4. 凳

凳的式样极多，凳面尺寸也大小不等。方凳一般用于厅堂内，与方桌成套或单独设置。圆凳有海棠、梅花、桃式，扇面等式，常与圆桌搭配使用，凳面也有镶嵌大理石或花梨木的。

圆形凳中另有外形如鼓状的，也叫墩，有木制、瓷制两种，墩面直径约在一尺。因旧时常在墩上罩以锦绣，故名绣墩。多用在亭、榭、书房和卧室中。

杌，又名满杌，属凳的一种，亦有方、圆之分。杌面较凳宽大，

---

① 编者注：1寸≈3.33厘米。

普通的两尺见方，四足垂直于地并向外崩出。

除上述各种家具外，尚有榻，大如卧床，三面有靠屏，置于客厅明间后部，是旧社会园主接待尊贵宾客用的家具。榻上中央设矮几，分榻为左右两部分，几上置茶具等。由于榻比较高大，其下设踏凳两个，形状如矮长的小几。有时室内也用金砖（方砖）作临时放置用具杂物之用。也有用汉墓空心砖作琴砖的，下承以琴桌，可在其上奏琴，能产生共鸣，但往往仅作为一种装饰。还有利用盘根错节的古藤或老树根略施雕镂磨光而成桌椅的，其形式虽奇，但不合实用，不过聊备一格而已。

家具的材料从明代起多使用热带出产的红木、楠木、花梨木等。这些木料质地坚硬，木纹细致，表面光泽，可以做成断面较小的构件及细巧的线脚花纹和精密的卯榫。目前苏州园林中有少数明代家具，特点是造型简洁大方，用料较细，构件断面多作圆形，装饰少而集中，色彩素净，卯榫精密讲究。清代家具从雍正开始，用料粗重，装饰雕刻加密加多，有些嵌以繁密的螺钿；家具色彩有褐、枣、乌黑等，制作华丽细致，而造型繁琐，与明代家具成迥然不同的风格。

室内灯具的种类也很多，常见的有宫灯、花篮灯、什景灯等。宫灯易于插烛，故应用范围较广。花篮灯、什景灯之类，仅作为亭榭廊轩等处的点缀品。

室内陈设品也多种多样，一方面供日常使用，另一方面是装饰点缀品，其中可单独放置的有屏风、大立镜、自鸣钟、香炉、水缸等。有些陈设是摆在桌几上的，如瓷器、铜器、玉器、盆景等，只作为装饰之用。悬挂在墙壁、梁柱上的匾额、对联，其书法、雕刻和色彩也有着装饰的效果。匾多为木制，对联则用竹、木、纸、绢等制成。竹木上刻字有阳刻或阴刻两种。匾联颜色也各有不同，其中白底黑字的匾联多用于厅堂内，其他尚有褐底绿字或白字、黑底绿

图 354　狮子林燕誉堂内景之一（北）

图 355　狮子林燕誉堂内景之二（南）

图 356　留园揖峰轩家具

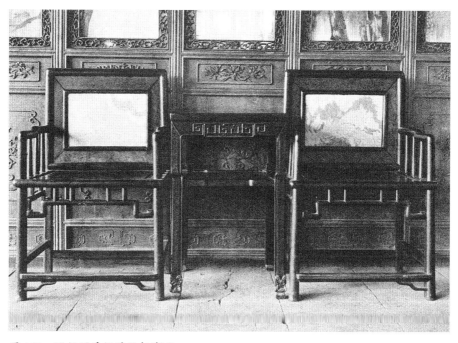

图 357　网师园看松读画轩家具

字等。

（六）墙与漏窗、洞门、空窗

园林中的墙多用来分割空间、衬托景物或遮蔽视线，是空间构图的一个重要因素。苏州园林中，建筑物密集，又要在小面积内划分许多空间，因此院墙用得很多。这种大量暴露在园内的墙面原来比较突兀枯燥，可是经过建筑匠师们的巧妙处理，反而成了清新活泼的造园要素，长期以来已是江南园林的重要特色之一。园中用墙，一般都用薄砖空斗砌筑，形式有云墙（波形墙）、梯级形墙、漏明墙、平墙等，色彩以白为主，偶尔也用黑色和青灰色。白墙不仅和灰色瓦顶、栗褐色门窗产生色彩的对比，而且可以衬托湖石竹丛和花木藤萝。白墙上的水光树影变幻莫测，为园景增色不少。墙上设漏窗、洞门、空窗等，形成种种虚实对比和明暗对比，使墙面产生丰富多彩的变化。

漏窗，又称花墙洞，用于园林不仅可使平板的墙面产生变化，而且在分隔景区时可使空间似隔非隔，景物若隐若现，富于层次。而漏窗本身的图案，在不同的光线照射下，产生富有变化的阴影，成为点缀园景的活泼题材。

苏州园林漏窗的窗框通常只做两道线脚，而不用水磨砖镶砌。窗框的形式有方、横长、直长、圆、六角、八角、扇形及其他各种不规则形状。而前三种除做成方角以外，又有圆角和海棠纹等形式。在数量上，各园漏窗以方形与横长两种为多。走廊上成排的漏窗，为了便于观看窗外景色，下框离地面约在1.3米，但也有专为采光、通风和装饰用的漏窗，离地面较高。

漏窗的花纹图案灵活多样，在苏州不下数百种（图358~377），构图可分为几何形体与自然形体两类，但也有混合使用的。

几何形体的图案多由直线、弧线、圆形等组成。全用直线的有万字、定胜、六角景、菱花、书条、绦环、橄榄、冰纹等。全用弧线的有鱼鳞、钱纹、球纹、秋叶、海棠、葵花、如意、波纹等。用两种或两种以上线条构成的有夔纹、万字海棠、六角穿梅花和各式灯景等。还有四边为几何图案，中间加琴棋书画等物的式样。

自然形体的图案取材范围较广。属于花卉题材的有松、柏、牡丹、梅、竹、兰、菊、芭蕉、荷花、佛手、桃、石榴等。属于鸟兽的有狮、虎、云龙、蝙蝠、凤凰和松鹤图、柏鹿图等。属于人物故事的多以小说传奇、佛教故事和戏剧中的某些场面为题材。

在构图上，上述各种漏窗的花纹图案不乏精美的作品。一般说来，以直线组成的图案较为简洁大方，曲线图案则较生动活泼，鸟兽人物故事的好作品则较少。直线与曲线组合时，通常以一种线条为主。直线和曲线都避免过于粗短或细长，以免产生笨拙、纤弱和凌乱的感觉。

几何形体和自然形体两类图案，不论如何千变万化，总与所用材料的性能和特点有密切关系。其中几何形体的图案以砖、瓦、木三者为主要材料。图案中较短的直线多用12.5厘米×10.8厘米×1.4厘米的望砖，超过一砖长的直线和复杂的锦纹等则用木片，尤以横长的直线条，非木不可，弧形和较大圆形常用不同尺寸的板瓦做成，小圆形则用筒瓦。自然形体的图案过去都用木片、竹筋作骨架，因不坚固，后多改用铁片、铁条，在铁骨架上以灰浆、麻丝逐层裹塑而成各种形象。

此外，还有用琉璃材料制成的预制漏窗，花纹都作几何形，较为坚固耐久，但过去限于材料和制作方法，形式比较单调，在各园中很少采用。

园林中的院墙和走廊、亭榭等建筑物的墙上往往有不装门扇的门孔（称为洞门，又名地穴）和不装窗扇的窗孔（称为空窗，又名月洞）。洞门除供人出入，空窗除采光通风外，在园林艺术上又常作为取景的画框，使人在游览过程中不断获得生动的画面。小院往往在洞

图 358　西园漏窗之一

图 359　西园漏窗之二

图 360　怡园漏窗

图 361　沧浪亭漏窗之一

图 362　沧浪亭漏窗之二

图 363　沧浪亭漏窗之三

图 364　沧浪亭漏窗之四

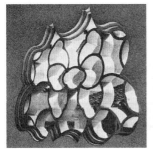

图 365　沧浪亭漏窗之五

图 366　网师园漏窗之一

图 367　网师园漏窗之二

图 368　留园漏窗之一

图 370　狮子林漏窗之一　　图 369　留园漏窗之二

图 371　狮子林漏窗之二　　图 372　狮子林漏窗之三　　图 373　狮子林漏窗之四

图 374　铁瓶巷 22 号某宅东花园漏窗

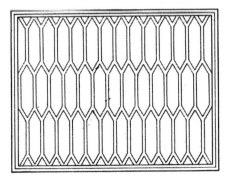

怡園拜石軒南院院牆

留園古木交柯前走廊

留園古木交柯前走廊

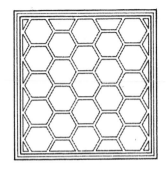

留園古木交柯前走廊

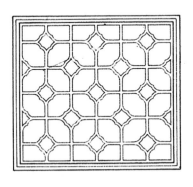

留園古木交柯前走廊

留園古木交柯前走廊

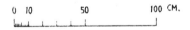

图 375　漏窗实测图之一

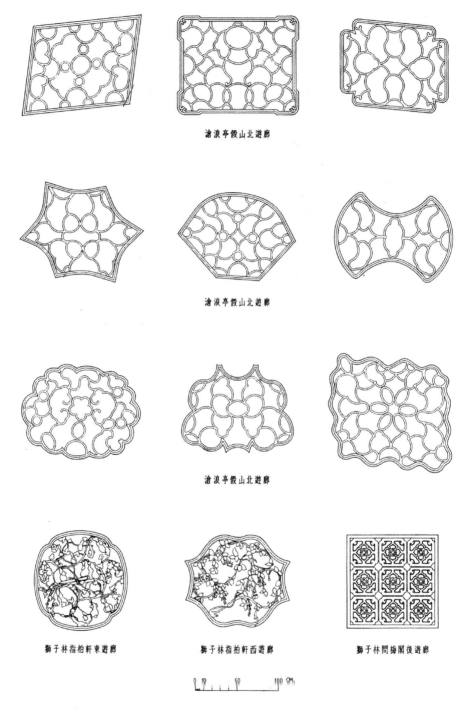

沧浪亭假山北遊廊

沧浪亭假山北遊廊

沧浪亭假山北遊廊

獅子林指柏軒東遊廊　　　獅子林指柏軒西遊廊　　　獅子林問梅閣後遊廊

图 376　漏窗实测图之二

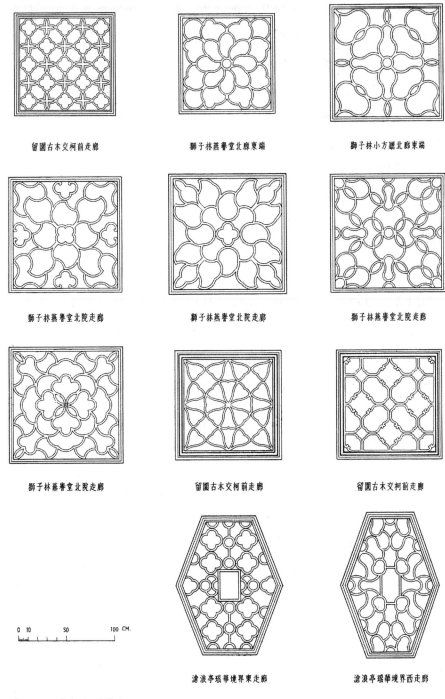

留園古木交柯前走廊　　　　獅子林燕譽堂北廊東端　　　　獅子林小方廳北廊東端

獅子林燕譽堂北院走廊　　　　獅子林燕譽堂北院走廊　　　　獅子林燕譽堂北院走廊

獅子林燕譽堂北院走廊　　　　留園古木交柯前走廊　　　　留園古木交柯前走廊

滄浪亭瑤華境界東走廊　　　　滄浪亭瑤華境界西走廊

图 377　漏窗实测图之三

门、空窗后面置石峰、植竹丛芭蕉之类，形成一幅幅小品图画，是苏州古典园林常用的手法。洞门和空窗还能使空间互相穿插渗透，达到增加风景深度和扩大空间的效果。

洞门的形式有圆、横长、直长、圭形、长六角、正八角、长八角、定胜，海棠、桃、葫芦、秋叶、汉瓶等多种，而每种又有不少变化（图378~382），如长方形洞门的上缘，除作水平线外，又有中部凸起，或以三五弧线连接而成。洞门上角，简单的仅作海棠纹，复杂的常加角花，形似雀替；或作回纹、云纹，构图多样。空窗式样也有方、横长、直长、六角、圆形、扇形、葫芦、秋叶、汉瓶等形式（图383~387）。洞门和空窗的形式和比例，与房屋、墙面及空间环境有关，如在分隔主要景区的院墙上，常用简洁而直径较大的圆洞门和八角洞门等，以利通行。走廊、小院等处则多采用直长、圭角、长八角及其他轻巧玲珑的形式，尺寸较小，角花也变化多样。轩馆亭榭的空窗多用横长、直长、方形等式样，取其简洁朴质。走廊上连续的空窗大都体形不大而式样各不相同，排列也有疏有密，以免重复单调，如笑园的楼廊和狮子林复廊所示。空窗的高度为了便于眺望，多以人的视点高度为标准来决定。

洞门和空窗的边框通常用灰青色方砖镶砌，其上刨成挺秀的线脚，形式多样，与白墙配合成朴素明净的色调，是形成苏州古典园林建筑特色的一个重要因素，门窗洞边框常用的线脚有缩涩线、木角线、亚面、浑面、文武面等。这种线脚都需用特别的涩锯和圆口线方、偏线方、平线口等刨刨出。最后用凹圆形、凸圆形和平的砂砖打磨光滑。在方砖背面需做鸽尾榫卯口，用木板做成榫头插入卯口以承托其重量，木块后端则砌入墙内。安装完毕后用油灰嵌缝，并用猪血

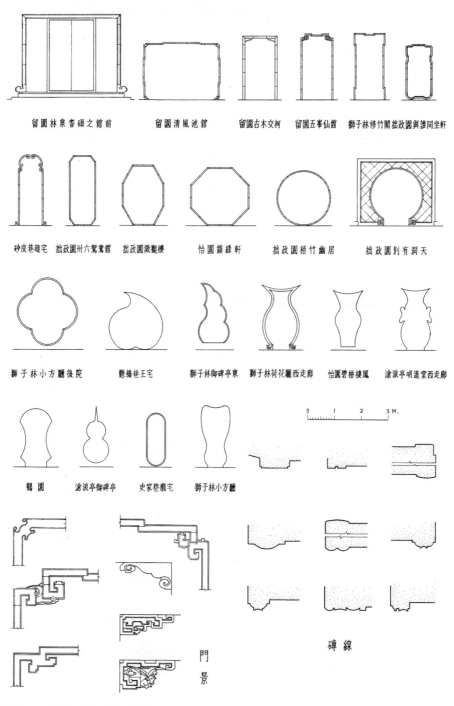

留園林泉耆碩之館前　　留園清風池館　　留園古木交柯　　留園五峯仙館　　獅子林修竹閣拙政園與誰同坐軒

砂皮巷趙宅　　拙政園卅六鴛鴦館　　拙政園激龍樓　　怡園鎖綠軒　　拙政園梧竹幽居　　拙政園別有洞天

獅子林小方廳後院　　懸橋巷王宅　　獅子林御碑亭東　　獅子林荷花廳西走廊　　怡園碧梧棲鳳　　滄浪亭明道堂西走廊

鶴園　　滄浪亭御碑亭　　史家巷龐宅　　獅子林小方廳

0　1　2　3 M.

門景

磚線

图 378　洞门及细部实测图

图 379　狮子林海棠门

图 380　沧浪亭庭院圆洞门

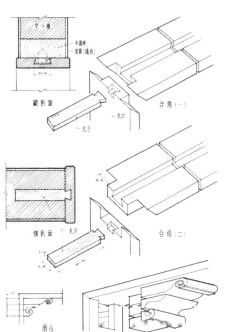

图 381　水磨砖门框构造图

图 382　梵门轿弄某宅庭院水磨砖门框

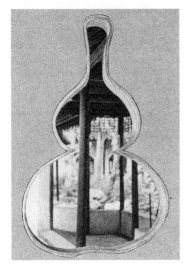  

图 383　怡园空窗　　　　　图 384　留园空窗　　　　　图 385　怡园面壁亭空窗

图 386　拙政园扇面亭空窗

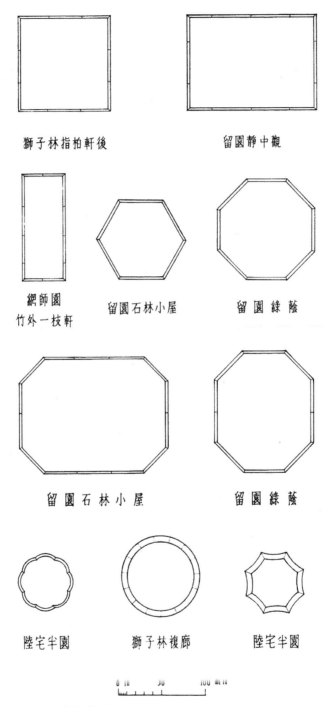

獅子林指柏軒後　　　　留園靜中觀

網師園
竹外一枝軒　　　留園石林小屋　　　留園綠蔭

留園石林小屋　　　　留園綠蔭

陸宅半園　　　獅子林複廊　　　陸宅半園

图 387　空窗实测图

砖屑灰嵌补砖面和线脚上的隙洞，待干后再用砂砖打磨平滑。

（七）铺地及建筑小品

1. 铺地

苏州古典园林的铺地，式样丰富多彩。一般房屋内多铺方砖，走廊地面除偶用方砖外，多以侧砖构成各种简朴的几何图形。室外露天地面往往结合环境采用多种形式。如踏步、庭院、道路和山坡蹬道等，有的用规整的条石、侧砖，有的用不规则的湖石、石板、卵石，以及碎砖、碎瓦、碎瓷片、碎缸片等废料相配合，组成图案精美、色彩丰富的各种地纹，充分表现了造园工人的智慧创造。这些地纹除条石外，通常称为"花街铺地"（图388~396）。

房屋内部方砖铺地可分为实铺和空铺两种。实铺是在原土上加夯铺砂，砂上置方砖，然后用油灰嵌缝，再经补洞、磨面而成。空铺的目的是防潮，做法是在方砖下砌砖墩或地龙墙，然后铺砖。这种办法较费工料，且不能承受较大的集中荷载，因此很少采用。

室外庭院铺地多用砖、瓦、石等材料。具体处理变化很多，而以色彩、形式调和为佳。图案式样大致有以下各类：

纯用砖瓦的图案有席纹、人字纹、间方、斗纹等。

以砖瓦为图案界线，镶以各色卵石及碎瓷片，图案有六角、套六角、套六方、套八方等。

以砖瓦、石片、卵石混合砌的有海棠、十字灯景、冰裂纹等。

以卵石与瓦混砌的有套钱、球门、芝花等。

其中以各色卵石铺地较多，花纹形如织锦，颇为美观。也有以色彩鲜艳的瓷片、缸片铺成动植物图案，但较费工而繁琐。

铺地施工，旧法是将原土夯实后垫细土约5厘米，再在上面铺各种砖石图案。

2．建筑小品

园林中的建筑小品常见的有平台栏杆、花架、石桌、石凳、砖刻、碑碣、书条石等（图397~407）。

平台栏杆多用于临水的厅堂榭舫，山巅亭阁前也偶有使用。平台大小和栏杆高低式样与周围的房屋水池有密切关系。拙政园远香堂北

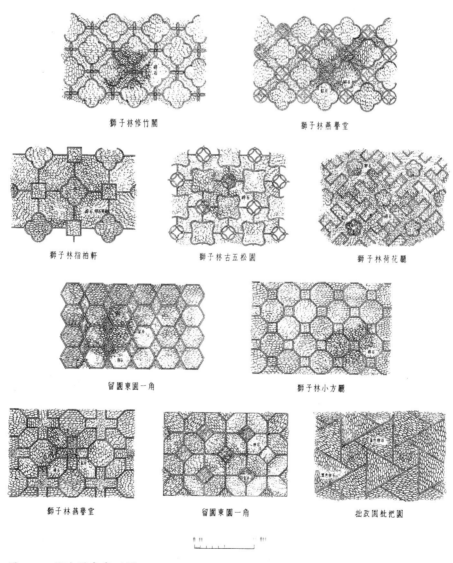

獅子林修竹閣　　　　　　　　　獅子林燕譽堂

獅子林指柏軒　　　　　獅子林古五松園　　　　　獅子林荷花廳

留園東園一角　　　　　　　　獅子林小方廳

獅子林燕譽堂　　　　留園東園一角　　　　拙政園枇杷園

图 388　铺地图案实测图

图 389　留园花街铺地之一

图 390　留园花街铺地之二

图 391　半园铺地

图 392　狮子林铺地

图 393　留园铺地

图 394　网师园铺地之一

图 395　网师园铺地之二

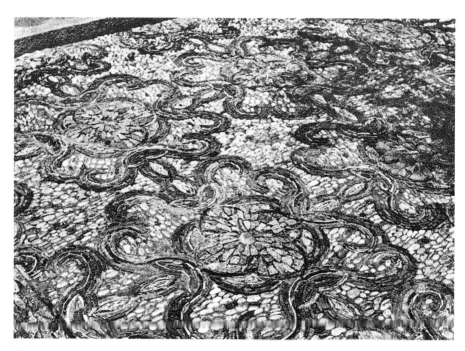

图 396　网师园铺地之三

图 397　半园砖栏杆

图 398　拙政园水廊砖栏杆

图 399　留园五峰仙馆砖刻细部

图 400　网师园砖刻门头

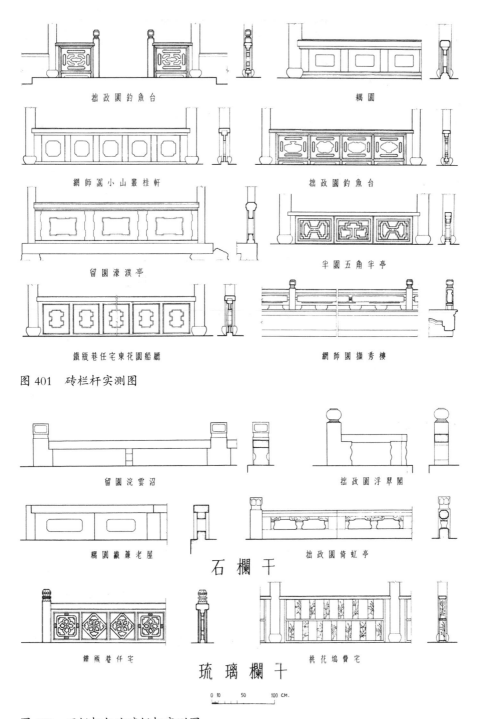

图 401　砖栏杆实测图

石欄干

琉璃欄干

0 10　50　100 CM.

图 402　石栏杆与琉璃栏杆实测图

图 403　网师园梯云室前石栏杆

图 404　拙政园明代石栏杆

图 405　拙政园扇面亭石桌石凳

图 406　留园东园一角石桌石凳

图 407　拙政园石桌石凳

面平台上用低矮的水平石栏杆，既衬托了厅堂，又和开阔明净的池面相协调。香洲前面的平台栏杆，为了配合精致的画舫，形式较为轻巧。

　　花架，一般以木架、铁架为多。竹架虽较自然，但不耐久。网师园池东则用假山承托紫藤以代花架，别具一格。

　　园林中的露天石桌、石凳有两种。一种是石板、石块制成的，经过加工成方形或圆形，如沧浪亭和怡园小沧浪等处。另一种系用自然的湖石或黄石叠成，如留园东园一角和环秀山庄假山洞内的石桌、石凳，都是用天然湖石叠成，做得极为自然。

　　砖刻是苏州建筑常用的装饰之一。除门窗洞边框刻有各种线脚的水磨砖外，比较突出的是砖刻门楼、山墙两端的墀头，以及洞门上的砖框匾额等。其中最有代表性的是网师园大厅前的砖刻门楼，雕工精细，造型优美，反映了苏州工匠的高度技艺。

　　书条石、碑碣在苏州园林中也应用得很多。凡是走廊一侧墙上不适于开窗取景的，往往用名家书法（法帖）刻在石上，镶在墙中作为廊内缺少景面的一种补救，可以怡园及留园为代表。此外，也有用园记、图画等石刻品嵌于墙面者。碑碣则多陈设于亭内，如沧浪亭、狮子林的御碑亭等。石屏、石山、石桥等处，用隶篆书法题字加以点缀，也是常见的手法。当然，上述法帖、碑刻就其内容来说，大都是宣扬封建地主阶级的意识形态，必须批判。

花　木

　　花木是组成园景不可缺少的因素。苏州古典园林的花木配植以不整形不对称的自然式布置为基本方式，手法不外直接模仿自然，或间接从我国传统的山水画得到启示。花木的姿态和线条以苍劲与柔和相配合为多，故与山石、水面、房屋有机结合，形成了江南园林独特的风格（图408~415）。在大片落叶树和常绿树的混合配植中，常利用各种树形的大小，树叶的疏密，色调的明暗，构成富于变化的景色，在形成自然山林方面起着重要作用。如拙政园中部二岛，用较多的落叶树配以适当的常绿树，与土坡上茂密的竹丛和池边的芦苇相组合，掩映于宽阔的水面上，取得了较好的效果。

　　花木既是园中造景的素材，也往往是观赏的主题，园林中许多建筑物常以周围花木命名，以描述景的特点，如拙政园的远香堂、倚玉轩、雪香云蔚亭（图416）、待霜亭、梧竹幽居亭（图417）、松风亭、柳阴路曲等①，其他各园此类名称也数见不鲜。

　　利用花木的季节性，构成四季不同的景色，是苏州古典园林中

---

① "远香"原由荷花引申而来（宋周敦颐《爱莲说》），远香堂面临荷池，故名。"倚玉"，据明文徵明拙政园诗"倚楹碧玉万竿长"，轩前原有竹。"雪香"意为梅花，"云蔚"指山间树木茂密。"待霜"指霜降橘始红，亭旁种橘树。梧竹幽居亭旁有梧有竹。松风亭前有松。柳阴路曲廊前植柳。

图 408　拙政园远香堂前牡丹

图 409　留园中部园景

图 410　拙政园中部园景

图 411　拙政园中部土山上树木配植

图 412　拙政园东部池畔树木配植

图 413　怡园池岸树木配植

图 414　沧浪亭园林景色之一　　　　图 415　沧浪亭园林景色之二

图 416　拙政园雪香云蔚亭——以梅花为观赏主题

图 417　拙政园梧竹幽居亭旁的梧桐与竹丛

习用的一种手法。例如各园厅堂前的玉兰与花台上的牡丹，侧重春景（图418~420）；怡园内群植的紫薇，拙政园与狮子林等的荷蕖，主要供夏季观赏（图421~422）；留园西部土山上的枫林，以及各园的桂花与菊花，构成秋景（图423~424）；拙政园西部十八曼陀罗花馆[①]前的山茶，以及各园小院内栽植的天竹、蜡梅，则为冬景（图425~426）。不仅如此，园林中对花木混合布置的方法更为重视，如网师园小山丛桂轩前院（图427）和留园冠云峰庭院，都配有四季分

————————

①　曼陀罗花树即山茶的别称。

图 418　春景之一——怡园的玉兰　　　　图 419　春景之二——狮子林的牡丹

图 420　春景之三——拙政园的垂丝海棠

图 421　夏景之一——怡园的紫薇

图 422　夏景之二——狮子林的荷花

图 423　秋景之一——留园西部枫林

图 424　秋景之二——拙政园的菊花

图 425　冬景之一——拙政园西部的山茶花

图 426　冬景之二——网师园的蜡梅

311

图 427 四时景色的植物配植一例——网师园小山丛桂轩前院

别可观赏的花木，花期衔接交替，形成四时景色的变化。

苏州园林花木的栽植，大都根据地形、朝向和干湿情况，结合花木本身的生长习性配植。例如桂花、山茶、黄杨、天竹、枸骨、女贞等耐阴，多植于墙阴屋隅；松、柏、榆、枣、丝兰等耐旱，则多植于山上；垂柳、枫杨、石榴等喜湿，多布置在池畔。但并不机械地为其习性所拘束，而是根据花木的姿态、线条、构图、色香等特点，与周围环境做有机的配植。

充分利用和发挥原有大树在园林中的作用，也是一种传统的手法。由于某些园林历史悠久，往往遗留若干百年至数百年的古树，后人重建新园，并不因其妨碍修建而加以砍伐，相反地却视为珍品，充分利用这些古树，与山、池、房屋巧妙地组合起来。如网师园看松读画轩南的柏树与罗汉松，拙政园中部的几株大枫杨（图428），留园中部的银杏（图429）与朴树（图495），狮子林问梅阁前的银杏（图430），都是

图 428　拙政园中部的大枫杨

图 429　留园的银杏与香樟

图 430　狮子林的大银杏

利用古树的较好例子。

（一）种类选择

苏州自然条件比较优越，花木生长良好，种类繁多，有大量温带常见的树木、花卉和藤萝，可供四季观赏。当地大型园林的花木约在百种以上，中小型园林亦有二三十种至六七十种左右（图431~450）。

花木选用方面，主要利用当地传统的观赏植物，发挥地方性的特色。故园林中的树木，多半以落叶树为主，配合若干常绿树，再辅以藤萝、竹类、芭蕉、草花，构成植物配置的基调。

过去苏州古典园林对花木种类的选用，和封建地主阶级的意识形态与艺术标准，以及园主们的喜好有密切的关系。例如对于花木讲究近玩细赏，因而比较重视枝叶扶疏，体态潇洒，色香清雅的花木；对树木的选择常以"古""奇""雅"为追求的对象。封建迷信思想，在花木种类选择上也有许多反映，例如认为栽植紫薇、榉树象征高官厚禄，玉兰、牡丹寓意玉堂富贵，石榴取其多子，萱草可以忘忧，等等，因此就使花水选用受到了局限。中华人民共和国成立以后，在园林的修整过程中，批判了这些观点，花木的配植主要根据园景需要，同时注意结合生产，纠正和改变了过去那些局限，大大丰富了树种，美化了园景，有些花木还取得了一定的经济收益。

苏州园林常用的花木种类，按观赏植物学分，大致如下。

1. 观花类

因花色艳丽而芬芳，是园中主要观赏对象。常绿的有山茶、桂花、广玉兰、月季、杜鹃、夹竹桃、栀子花、金丝桃、六月雪、瓶兰、探春、黄素馨、含笑等；落叶的有牡丹、玉兰、梅、桃、杏、李、海棠、紫薇、丁香、木槿、小芙蓉、辛夷、蜡梅、紫荆、绣球、锦带花、迎春、连翘、珍珠梅、棣棠、郁李、榆叶梅等。其中牡丹有"花王"之称，花大色艳，是园中花台上的主要花种。海棠、紫微因兼有姿态花色之美，山上、水滨、庭院等处无不相宜。海棠又有西府、垂丝、贴梗、木瓜之分，虽树形各异，都具有相当观赏价值，垂丝海棠花枝婆娑，园中栽植尤多。山茶与桂花既为常绿，又可耐阴，而且茶花色艳，桂花芬芳，故亦较多采用。蜡梅花香色美，是冬季的重要观赏对象，常作为院落种植的树种。

2．观果类

此类花木主要作为夏秋观赏之用，或作为冬季点缀。常绿的有枇杷、橘、香橼、南天竹、枸骨、珊瑚树等；落叶的有石榴、花红、柿、无花果、枸杞、枣等。其中枇杷果实金黄，既能观赏，又可供食用，各园颇多采用。南天竹亦称天竹，冬季结红果，常与蜡梅合栽，也是园中常用的重要树种。

3．观叶类

观叶类是园中不可缺少的树木。常绿的有瓜子黄杨、石榴、桃叶珊瑚、八角金盘、女贞、丝兰、棕榈等；落叶的有槭、枫香、乌桕、垂柳、山麻杆、柽柳、红叶李等。其中槭树种类很多，叶色姿态均有不同，是单株观赏或群植的较好题材。

4．林木、荫木类

这类树木是构成园中山林与绿荫的主要因素，也是园林植物配置的基础。常绿的有罗汉松、白皮松、黑松、马尾松、桧柏、柳杉、香樟等；落叶的有梧桐、银杏、榆、郎榆、榉、朴、糙叶树、槐、枫杨、臭椿、楝、合欢、梓、黄连木、皂荚等。其中枫杨生长较速，枝干盘曲，树冠有浓荫，容易形成葱茏的佳境，园中应用颇多。

5．藤蔓类

藤蔓类是园中依附于山石、墙壁、花架上的主要植物。因其习性攀缘，故有填补空白、增加园中生气的效果。常绿的有蔷薇、木香、薜荔、络石、常春藤、金银花、匍地柏等；落叶的有紫藤、凌霄、爬

315

墙虎、葡萄等。其中紫藤除攀缘外，还可修剪成各种形态。木香花千枝万条，香馥清远，园中颇喜采用。

6. 竹类

性喜温暖的气候和肥沃的土壤，姿态挺秀，经冬不凋，与松柏并重。由于生长快，不择阴阳，墙根池畔，皆可种植，常用的有象竹、慈孝竹、箬竹、观音竹、寿星竹、斑竹、紫竹、方竹、黄金镶碧玉竹等。其中象竹竿大且直，多成片种植，绿意盎然。箬竹叶阔，低矮成丛，多植于山上、石间，增添山林野趣。紫竹、方竹竿叶纤细，多植于墙阴屋隅，或用以填补空白，遮挡视线。

7. 草本与水生植物类

草本植物常见的有芭蕉、芍药、菊花、萱草、书带草、诸葛菜、鸢尾（蝴蝶花）、紫萼、玉簪、秋海棠、紫茉莉、凤仙花、鸡冠花、蜀葵、秋葵、鸭跖草、虎耳草等。其中芭蕉多植于庭院、窗前或墙

图 431　拙政园玉兰堂前的玉兰

图 432　拙政园浮翠阁旁的绣球

图 433　网师园池畔的碧桃

图 434　拙政园中部的垂丝海棠

图 435　狮子林的丁香

图 436　怡园池岸的迎春

图 437　留园的贴梗海棠

图 438　拙政园东部的紫荆

图 439　怡园粉墙前的蔷薇

图 440　狮子林的凌霄

图 441　狮子林假山上的紫薇

319

图 442　怡园坡仙琴馆前院的桃叶珊瑚　　图 443　拙政园紫藤

图 444　网师园粉墙前的木香

图 445　沧浪亭假山上的箬竹

图 446　拙政园中部山路旁的石竹

图 447　拙政园听雨轩前的芭蕉

321

图 448　拙政园的诸葛菜　　　　　　图 449　拙政园的鸢尾

图 450　拙政园的萱草

隅，姿态扶疏，绿荫如盖。水生植物常用的有荷花、睡莲、芦苇等。

（二）配植形式

苏州古典园林根据花木的种类、姿态、色香等不同的特点，在配植方面有不同的形式。

孤植是采用较多的一种形式，它能充分发挥单株花木色、香、姿的特点。单株孤植尤其适合于小空间近距离观赏的要求，因此常作为庭院景物的主题。例如拙政园玉兰堂前的玉兰（图431）与桂花，网师园射鸭廊前的红叶李、小山丛桂轩旁的蓑衣槭（图451）等。有时还利用某些树干的盘曲、树冠的扶疏，孤植于山崖，以衬托绝壁的险峻，或植于池畔，以增加水面生动的倒影，例如环秀山庄假山上斜出绝壁外的紫薇（图452），网师园竹外一枝轩前的黑松（图453）即是较好例子。以姿态优美的花木孤植于建筑物附近或桥头、路口、水池转弯处，也是常见的一种形式，它能起配景或对景作用，可丰富园景的构图（图454~455）。如拙政园梧竹幽居亭前的枫杨（图573）、网师园桥头的白皮松（图456）等。孤植作为树群旁的点缀也很多，主要作用是打破同一树种的单调，丰富观赏内容，例如留园东北部象竹林前的广玉兰（图457）、西部枫林中的银杏等。

同一树种的群植和丛植，容易发挥和强调某种花木的自然特性，同时使园景产生变化（图458~465）。如拙政园的枇杷园遍植的枇杷林（图460），留园中部闻木樨香轩周围的桂花林（图461），留园、沧浪亭与狮子林的竹丛（图462），拙政园远香堂前的广玉兰（图464），怡园的梅林（图465），等等，或以观赏取胜，或以芳香见长，或因色、香、姿三者俱全而形成园中引人入胜的景色。

多种花木的群植和丛植，犹如作画构图，错落有致，同时又不妨碍每一树木本身特性的发挥。群植要处理好常绿树与落叶树的配合，常绿的松柏比较严肃，落叶树较为活泼，但入秋后有萧条之感，

图 451　网师园小山丛桂轩旁的蓑衣槭　　　　图 452　环秀山庄假山上的紫薇

图 453　网师园竹外一枝轩前的黑松

图 454　听枫园池东南的紫薇

图 455　怡园金粟亭前的山茶

图 456　网师园桥头的白皮松

图 457　留园北部的广玉兰

图 458　狮子林假山上的白皮松群植

图 459　拙政园东部的松林

图 460　拙政园的枇杷林

图 461　留园闻木樨香轩旁的桂花林

图 462　留园曲廊旁的竹丛与芭蕉

图 463　拙政园中部曲廊旁的竹丛

图 464　拙政园远香堂前的广玉兰群植

图 465　怡园的梅林

故拙政园、留园、沧浪亭等处多采用混合的树群布置（图411~412、414~415）。在布置时，一般都是大乔木与小乔木互相搭配，下面间植灌木或竹丛，以达到轮廓起伏、层次变换的效果。

不论同种花木或多种花木的群植，都要力避整齐划一，形体重复，务使大小、前后、左右配植适当，互相呼应。

苏州古典园林的空间变化很多，因此植物配植的形式也因地制宜，随之而异。

小空间内的植物配植以近距离观赏为主，常用于房屋的前庭、后院，以及由廊子和界墙所构成的小院内。这种小院，视距短，景物少，要求配植形态好、色香俱佳的花木，有时还配以玲珑剔透的湖石，以白墙为背景，形成各种画面，随着时间和季节的变化，在阳光的照射下，白墙上映出深浅不同的阴影，构成各种生动图案（图466~479）。其常用花木有竹、天竹、蜡梅、山茶、海棠、芭蕉等，稍大的庭院，多用玉兰、桂花、紫薇、梧桐、白皮松、罗汉松、黄杨、鸡爪槭等。为控制树形，不使枝叶过分繁密，宜常加修剪。此外还常以藤萝类植物攀缘于白墙面，以破其单调，使有限空间绿意浓郁，并增加层次变化。如留园的"华步小筑"小院内的爬墙虎（图601），网师园撷秀楼后院的凌霄（图480），王洗马巷七号某宅书房一侧墙面攀盖的木香，庙堂巷壶圆墙上的爬墙虎和络石等都是较好例子。至于白墙前植月季、蔷薇，开花季节更为绮丽夺目，在各园中也颇常见。

大空间内的植物配植，多采用树形高大的乔木，使之在构成园林轮廓线，加强建筑物之间的构图联系，划分园内空间等方面，都起着重要的作用。如拙政园中部池南起伏错落的轮廓线，主要靠树木与厅堂、曲廊、亭榭构成。留园中部靠池南的一株青枫，将低矮的绿荫轩与高大的明瑟楼连为一体（图481）。庙堂巷畅园由于园的空间较狭长，在池侧和池南以高低不同的树木分层配植，使园内空间层

图 466　网师园亭旁的罗汉松

图 467　留园石林小院景一

图 468　留园石林小院景二

图 469　留园的贴梗海棠与湖石峰

图 470　怡园锄月轩前的花木与湖石

图 471 怡园小院的天竹与蜡梅

图 472 拙政园玉兰堂庭院的花木配植

图 473　怡园小院的
夹竹桃

图 474　留园五峰仙
馆后院的花木配植

图 475　网师园殿春簃
窗景

图 476　拙政园漏窗前
的花木小品

图 477　网师园空窗前的垂丝海棠　　　　图 478　留园洞门前的竹丛

图 479　网师园竹外一枝轩窗景

图 480　网师园小院的凌霄与竹丛

图 481　留园明瑟楼旁的青枫

层深入，避免了一览无余之弊。其次是以一种树木作为主题间植其他树种，如狮子林山上的白皮松（图458），留园中部山上的银杏及西部山上的枫林（图487）都能起主题作用。此外，用多种树木交错配植，疏密相间，也能增加景深层次，获得良好的效果。

（三）花木与房屋、山、池

1. 房屋附近的花木处理

房屋附近的花木，除遮阴、闻香与观赏外，还能配合建筑丰富景面构图（图482~485）。如留园曲溪楼前的枫杨（图176），拙政园远香堂前的广玉兰（图464）、怡园藕香榭一侧的白皮松（图486）等，无不对园景起着重要的作用。厅堂前后布置花木，宜选色、香、姿兼备者，为了不影响建筑的外观和采光，不宜多植，且大树应与建筑物保持一定距离。

临水的房屋，为了欣赏池中景物，临池一面多不植小树丛。建筑前植少数花木，以不遮挡视线为佳（图501~502），或在廊后植高大树木作衬托之用（图254、256）。园中亭子，无论位于山上或水涯，必翼以树木，不使孤立。配植方法大体有两种：一种是将亭子建于大片树丛中，如留园西部的舒啸亭（图487）、沧浪亭的山亭（图488）等；另一种是在亭旁植少数大乔木作陪衬，再配以低矮的花木，如拙政园的绣绮亭（图230~231）、狮子林的扇面亭等。

向外眺望的窗前多栽植枝叶扶疏的花木，在采光用的后窗外，为了遮蔽围墙，每植竹丛或其他花木，绿意满窗，给人以清新的感觉。走廊、过厅和花厅等处的空窗或漏窗是为了沟通内外，扩大空间，便于欣赏景物，所以窗外花木限于小枝横斜，一叶芭蕉，或几竿修竹，半掩窗扉，若隐若现，富于画意（图475~479）。

2. 山上花木的配植

苏州园林中的假山，其花木的选择与配植多能与山的大小、形状相称（图489）。对于土多石少的假山，多半以较高大的落叶树和较矮的常绿树错综配植，构成山林的主体，其下配以较低矮的灌木丛，再下植箬竹或草花之类，以适当掩盖山下叠石与池岸。自远处眺望，整个山林，莽莽苍苍，青翠欲滴，山林内则枝叶相接，浓荫蔽日，宛然如置身于真山中，拙政园中部二岛和沧浪亭土山即有此意（图490~493）。所谓上中下三层树木，不是全山一律如此，有时将灌木略去，或将箬竹略去，使二层与三层间互相交错，成为有变化的构图。使用此种方式的山林，树木的种类自然较多。其中落叶树的数

图482 拙政园倚玉轩前的花木配植

量，往往超过常绿树，为了发挥山林的自然风趣，树木亦任其自由发展，使之负势竞茂，互相轩邈。

　　对于石多土少的假山，为了显示山石峭拔，不但树下较少配植灌木与竹丛、花草，树木的数量也较少，栽植亦较稀疏，如狮子林、怡园、留园及环秀山庄等都是如此。至于常绿树与落叶树的配合，往往随意处理，不拘一式。如怡园与狮子林皆于山的主要一面植常绿树，其后部用落叶树衬托；反之，留园中部的假山，植落叶树于主要一面，而常绿树隐于西侧。石壁上的树，无论其下有无池水，每选择

图 483　留园五峰仙馆前院旁的花木配植

图 484　拙政园西部廊子旁的树木配植

图 485　留园冠云楼前的树木配植

图 486　怡园藕香榭旁的白皮松与梧桐

图 487　留园舒啸亭周围土山上的枫林

图 488　沧浪亭与周围的树木

图 489　怡园假山上的紫藤

图 490　拙政园中部山林之一

图 491　拙政园中部山林之二

图 492　沧浪亭山林景色

图 493　沧浪亭山上的树木混合配植

图 494　怡园假山上的白皮松与荷花池

图 495　留园中部假山上的朴树

图 496　拙政园黄石假山上的糙叶树

姿态虬曲的松、朴或紫薇等。因这些树木为了接受阳光，枝条向外发展，再加适当修剪，自然斜出壁外，形成优美的形态。怡园池北的白皮松、留园中部的朴树和拙政园远香堂前黄石假山上的糙叶树等都是如此（图494~496）。

3.水池旁的花木配植

水池旁的花木配植，对丰富水面构图起着重要作用（图497~500）。临池房屋左右前后栽植少量形体较大和姿态富于变化的落叶树与常绿树，一方面作房屋的陪衬，同时可将不同体形的房屋联成为一气。例如网师园池周的树木数量很少，但却起了陪衬园景的良好作用（图501）。

池的两岸所植花木，其形体、色调往往互相变换，产生有节奏的对比。拙政园小飞虹北侧的花木配植即是一例（图502）。

池岸的花木，每以较大的落叶树为骨干，配以各种较低的花木与少数常绿树，由于树冠自然外斜，往往构成婀娜多姿的优美形态（图495、503）。若池岸较高，则植下垂的迎春、探春，或以薜荔、络石衍蔓石面，再上植萱草、玉簪花、蝴蝶花、凤仙花、六月雪、秋海棠等，使与后面较高的花木产生层次对比（图504）。至于池岸路边的花木配植，则以稀疏为宜，常间植几株乔木或布置少许灌木，既可丰富池岸景面，又不遮挡观赏视线，如拙政园中部二岛间的通路与网师园沿池的路边花木配植就是采用这种手法（图410、501）。

池中倒影，无论盛夏隆冬，雾晨月夜，或平澈如镜，或微风吹拂，都可构成美丽的画面，所以山下、桥下与临水亭榭附近，一般不栽植荷花，即欲栽植，也要控制其生长。否则池水清澈明净的特点，被破坏无余。睡莲的花叶较小，且超出水面不高，最适用于小池（图505）。此外，拙政园水湾一角配植的芦苇，亦能增加自然风趣（图506）。各种水藻较少使用，仅配合鱼类偶尔点缀少许。

图 497 拙政园东部池岸的树木配植之一

图 498 拙政园东部池岸的树木配植之二　图 499 拙政园中部池岸的树木

图 500　拙政园远香堂南的池岸花木配植

图 501　网师园池旁路边的花木配植

图 502　拙政园小飞虹北侧的树木配植

图 503　怡园池边的无花果

图 504　怡园池岸的藤蔓

图 505　畅园池岸花木与水中睡莲

图 506　拙政园水湾一角的芦苇

（四）花台、盆景

1. 花台

花台在苏州古典园林中运用甚广，常见于厅前屋后、轩旁廊侧、山脚池畔（图507~508）。不论用湖石或黄石叠成，形式都很自然，仅少数用砖石砌成规整形体（图509）。前者平面和立面都采用不规则的构图，其上配植花草树木，辅以石峰、石笋等成为一幅自然图景，怡园锄月轩（藕香榭）南的湖石花台是较好的例子（图510~511）。

花台上常用的草花有芍药、芭蕉、萱草、凤仙花、鸡冠花、蜀葵、秋葵、菊花、鸢尾（蝴蝶花）、紫萼、玉簪、书带草、虎耳草等。木本花木有牡丹、杜鹃、石榴、丁香、梅、海棠、山茶、天竹、蜡梅、绣球、紫薇、迎春、木香等（图512）。这些花木通常根据花期搭配，构成春夏秋冬四时景色。

2. 盆景和盆栽

盆景和盆栽也是苏州古典园林中常见的观赏内容，它们的灵活性较大，不仅可供室内陈设，还可作室外花木填空补缺之用。

盆景的特点是能把自然界的真山真水或老树的苍劲姿态缩仿在小小的花盆里，形成一幅幅有生命的立体风景画。从形式上可分为旱盆、水盆、水旱盆三种。盆景在我国已有千余年悠久历史，内容丰富，在苏州古典园林中应用甚广（图513~515）。厅前开阔的平台，往往不建花台，而置大小盆景，以供观赏。网师园琴室前的庭院所置大盆景是花台的缩影，与周围环境的配合甚为得宜（图516）。

盆栽在广义上属于盆景一类，它是在盆或缸内栽植经过艺术处理的花木（图514）。盆栽中以树桩最多，又称之为盆桩，经过多年修剪攀扎等艺术加工，使其成为老树的形象。这种盆栽植物一般树干矮小苍老，枝条虬曲，或于盆内点缀一二石块、石笋作为陪衬。盆栽现在也通常列入盆景之内。

此外，盆花（图517）与其他盆栽的观果、观叶类植物的使用也很普遍。

图 507　网师园的黄石花台

图 508　怡园入口旁的湖石花台

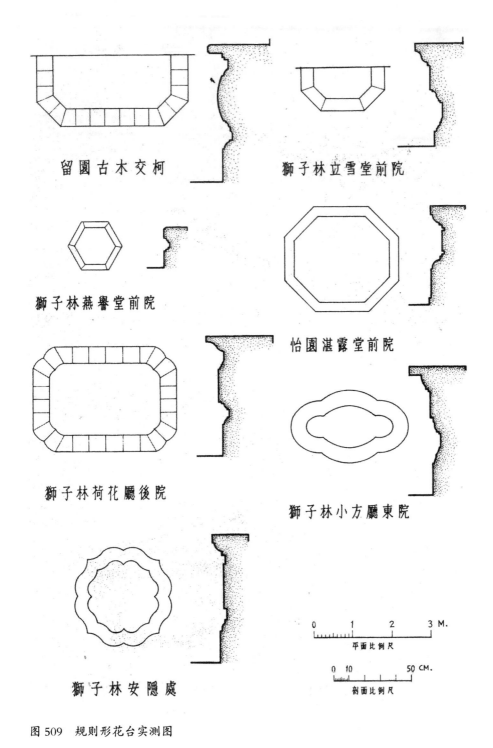

留園古木交柯　　　　　　獅子林立雪堂前院

獅子林燕譽堂前院

怡園湛露堂前院

獅子林荷花廳後院

獅子林小方廳東院

獅子林安隱處

0　　1　　2　　3 M.
平面比例尺

0　10　　　50 CM.
剖面比例尺

圖 509　規則形花台實測圖

图 510 怡园藕香榭后的湖石花台

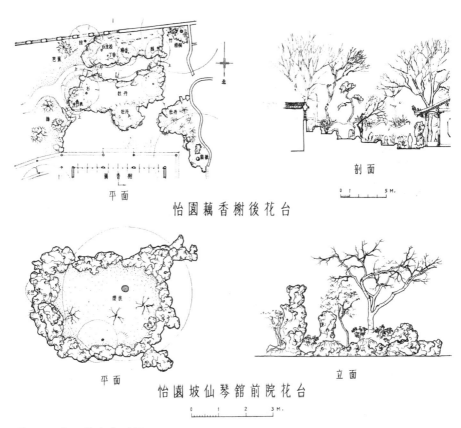

图 511 湖石花台实测图

图 512　怡园藕香榭后花台上的牡丹

图 513　盆景之一

图 514　盆景之二

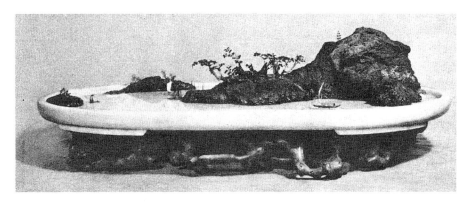

图 515　盆景之三

图 516　网师园琴室前的大盆景

图 517　拙政园的盆花

实　例

拙政园 [1]

　　拙政园在娄门内东北街，始建于明中叶（十六世纪初），距今有四百多年历史，是苏州著名古典园林之一，也是我国江南古典园林的代表作品。1961年由国务院公布列为全国重点文物保护单位。[2]

　　园址原为大宏寺，明正德年间（1506—1521）御史王献臣占寺地营私园，遂成为官僚别业。[3]之后，屡更园主，或为官僚地主的私园，或

---

[1]　据明嘉靖十二年（1533）文徵明《王氏拙政园记》（中华书局《文待诏拙政园图》画册所引）及嘉靖十八年（1539）王献臣《拙政园图咏跋》所记，王献臣因仕途不得志，遂以西晋潘岳自比，并借潘岳《闲居赋》中所说"庶浮云之志，筑室种树，逍遥自得，池沼足以渔钓、春税足以代耕，灌园鬻蔬，以供朝夕之膳，牧羊酤酪，以俟伏腊之费，孝乎唯孝，友于兄弟，此亦拙者之为政也"（引见《全秦汉三国魏晋文》），来命名此园。他曾说"余自筮仕抵今，余四十年，同时之人或起家至八坐，登三事，而吾仅以一郡倅老退林下，其为政殆有拙于岳者，园所以识也"（王献臣《拙政园图咏跋》），清楚地道出了园名的寓意。至于潘岳《闲居赋》中描述的那种"逍遥自得"的生活，则是罢官后的官僚地主，经营田庄过着剥削寄生生活的写照，所谓"庶浮云之志"，纯属欺人之谈。

[2]　1961年3月4日国务院公布《第一批全国重点文物保护单位名单》编号121。

[3]　按文徵明《王氏拙政园记》所称"君甫及强仕，即解官家处，所谓筑室种树，灌园鬻蔬，逍遥自得，享闲居之乐者，二十年于此矣"，由此推算建园之始，应在正德八年（1513）。又依王献臣《拙政园图咏跋》所说："罢官归，乃日课僮仆，除秽植檀，饭牛酤乳，荷畚抱瓮，业种艺以供朝夕，俟伏腊，积久而园始成，其中室户台榭，草草苟完而已，采古言即近事以为名，献臣非往湖山，赴庆吊，虽寒暑风雨，未尝一日去，屏气养拙几三十年。"则推算建园之始，应在正德四年（1509）左右。

为官署的一部分，或散为民居，其间经过多次改建。^①中华人民共和国成立后进行了全面修整和扩建，现在全园包括中部（"拙政园"）、西部（旧"补园"）、东部（原"归田园居"）三部分（图518~529），总面积约62亩。^②

拙政园的布局以水为主，此处原是一片积水弥漫的洼地，初建园时，利用洼地积水，浚治成池，环以林木，造成一个以水为主的风景园。据明代文徵明所作《王氏拙政园记》《拙政园图》与题咏的记载，明中叶建国之始，园内建筑物疏稀，而茂树曲池，水木明瑟旷远，近乎天然风景^③（图530），当时范围约即包括今日拙政园的三部分。明末，最初的拙政园已荒废，东部划出另建"归田园居"。中、西两部至清初顺治年间恢复并重建，仍为官僚别墅，康熙年间，园内兴建曾盛极一时，于其内堆置丘壑，建筑物也增多，原状有一次较大的改变^④，雍正间所绘《拙政园图》，池中即有土丘及楼一座（图531）。至乾隆初，拙政园又分为中部"复园"和西部"书园"两部分。此后沿用拙政园名称的

① 王献臣之子因赌博以园输于徐氏。崇祯八年（1635）东部成为王心一"归田园居"，至中华人民共和国成立前尚存废址。中、西二部清顺治初年为营将寓居，后归大学士陈之遴，不久又改为驻防将军府和兵备道馆，既而为吴三桂婿王永宁所有（清钱泳《拙政园图咏题跋》误作王永康），吴三桂败事，籍入官。康熙十八年（1679）改为苏松常道新署。苏松常道缺裁后，散为民居，至乾隆初年，中部为蒋棨复园，西部为叶士宽书园。其后，中部又先后归潘师益、查世倓及吴璥（时称吴园），西部书园归沈元振所有。太平天国时两部分均属李秀成忠王府。太平天国失败，中部入官，旋为八旗奉直会馆；西部归汪姓，至光绪三年（1877）为张履谦补园。

② 各园面积均以本书所用测绘平面图为准计算。其中除网师园外，均不包括住宅部分在内。

③ 据《王氏拙政园记》《拙政园图》及题咏所记，今日远香堂位置原为若墅堂，倚玉轩一带明时亦有此轩，轩北隔水和梦隐楼相对，二者之间有小飞虹桥相通，现有池中两座土山及山北水面，当时尚未形成，而梦隐楼之西，今日之柳阴路曲、见山楼及此园西部一带，都是竹树翳邃水色渺弥的自然风光，梦隐楼北面是松林，向东则是果园、花圃和竹林，全园建筑仅楼一、堂一及亭轩八处而已。

④ 清康熙间徐乾学《憺园集》卷二十六《苏松常道新署记》："……未暇有所改作，既而归于永宁，月前此新人居室布置仍抽政之旧，自永宁败晶置后籍，汤川堂高瞭轩，丰此气园记诗赋之云云矣。"又见康熙二十三年（1684）《长洲县志》卷十七"第宅园亭拙政园"条："二十年来，数易主，虽增葺壮丽，无复昔时山林雅致矣。"

只是中部而已。原来统一规划的全园至此已成为相互分离自成格局的三园。

　　沿用拙政园名称的中部是园内主要部分。据记载，清中叶（乾隆、嘉庆间）此园中部两次重修，都是在原有基础上修复，并未大规模改造。[①]在稍晚时期所作《拙政园图》中，远香堂、枇杷园、柳阴路曲、见山楼的位置和目前大致相同，可是雪香云蔚亭处建有一楼，并有水廊向南延伸，而无今天的荷风四面亭[②]（图532）。现在园中建筑物基本上是清代后期的面貌[③]（图533~534），池中的丘壑布置，则可追溯到清初，而建园以来以水为主，水面广阔，景色自然的特征尚能沿袭不替（图535~537）。

　　西部的现存面貌，大致是清末光绪年间称为补园时期所形成，其布局与初建时相比，变动较大（图538）。东部归田园居旧址久已荒废，中华人民共和国成立后并入拙政园，经过改建，其布局以平冈草地为主，并配以山池亭阁（图539~547）。

　　拙政园位于住宅北侧，1962年新辟的园门已移至东部原归田园居的南面（图520、539），原有园门是住宅间夹弄的巷门，中经曲折小巷而入腰门，内有黄石假山一座，犹如屏障使人不能一眼看到全园景物（图548）。山后有小池，循廊绕池便转入主要景区（图549），显得豁然开朗，这是我国古代园林常用的大小空间转换的对比手法。

---

① 　清乾隆十二年（1747）沈德潜《复园记》："吴中娄齐二门之间有名园焉，园以复名，蒋司马旧地为园而名之者也。……百年来废为萝区，既已丛榛莽而穴狐兔矣。主人得其地而有之，……因阜垒山，因洼疏池，……堂宇不改，而轩邃高朗若有加于前；境地依然，而屈盘合沓疑新交于目，……"道光十三年（1833）钱泳《拙政园图咏题跋》："……又归都人蒋太守棨，名曰复园。……后五十年则池馆萧条，苍苔满径，无复旧时光景。嘉庆中，查憺余孝廉又购得之，薙草浚池，灌花种竹者年余，顿还旧观，近又归吴菘圃相国家为质库矣。"可见两次均属葺旧成新，园貌未予大改。

② 　清汪鋆《拙政园图》，约作于咸丰年间。我们曾在倚玉轩西面池中见到成排木桩，可能即此图所示水廊遗迹。

③ 　清同治吴俊《拙政园图》及光绪二十七年（1901）《八旗奉直会馆图》所示面貌，与现存建筑情况颇为相似。

中部是全园精华所在，面积18亩半，水面约占三分之一，总体布局以水池为中心。"凡诸亭、槛、台、榭，皆因水为面势"[1]，临水建有形体不同、高低错落的建筑物，具有江南水乡特色（图536、550）。厅堂楼榭等原来供园主享乐生活用的建筑物，如远香堂、玉兰堂、香洲、小沧浪、海棠春坞等，较集中地分布在园南靠近住宅一侧（图551~558），实际上是住宅的延伸。园北部则山池树木并重，而以建筑辅之（图535、537、559）。

水池南岸的远香堂是中部的活动中心，环以山池林木，成为园中主要景区。另设几组建筑分布于周围：

花厅玉兰堂（图153、552），位于西南隅，紧靠住宅，自成独立封闭的一区庭院。院内主植玉兰，沿南墙筑花台，植竹丛与天竹，并立湖石数块，建筑与庭院结合得比较自然贴切。

水阁小沧浪也位于西南隅，用廊桥小飞虹分隔空间构成一个闲静的水院（图560）。院东接腰门与远香堂，南面与住宅相通。

枇杷园和海棠春坞在园的东南隅，前者用云墙分隔，后者则用花墙分隔，各成小院，分别以院中枇杷和海棠取名（图147~148、561~562）。

北部土山西北池中有见山楼（图563~566），楼西侧由曲廊柳阴路曲组成一个以山石花木为中心的廊院，在空间上既与外界有所分隔，又使内外空间互相穿插，并以古老的枫杨作为构图背景，增加了景深层次（图428、567~568）。

主体建筑远香堂回抱于山池之间，周围环境开阔，建筑采取四面厅做法，四周长窗透空，环观四面景物，犹如观赏长幅画卷（图535、537、559）。远香堂南面与腰门相对所隔黄石假山仅作为入口屏障，形体不大，叠石尚称自然，不失为黄石山中较好作品之一。山上林木配植

---

[1]　明文徵明《王氏拙政园记》。

错落有致，与远香堂前广玉兰扶疏相接，以一泓水池相衬托，使厅前院景较为丰富（图548~549、569）。

远香堂北，池水清澈广阔，临水设宽敞的平台（图551）。水池中累土石构成东西两山，其间隔以小溪，但在组合上则连为一组，起着划分池面、分隔南北空间的作用。西边山上建长方形平面的雪香云蔚亭（图570），东山则设六角形的待霜亭（北山亭）（图571），使两者有所变化。两山结构以土为主、以石为辅，向阳一面黄石池岸起伏错落，背面则土坡芋丛，景色比较自然（图572）。满山遍植树木，种类以落叶树为主，间植常绿树，使四季景色应时而异。山间曲径两侧丛竹乔木相掩，浓荫蔽日，颇有江南山林气氛（图93~94、490）。岸边散植紫藤等藤蔓灌木，低枝拂水，更增水乡弥漫之意（图535）。两山溪谷间架有小桥，并以曲桥东通梧竹幽居亭，此亭四面设圆洞门，透门望池，风景若入环中（图573~575）。在西山西南角下建荷风四面亭，亭位于水池中央，其西、南两面架两桥，西桥通柳阴路曲，转北至见山楼，南桥则与倚玉轩衔接。此两桥虽将池水分为三部分，但桥身空透，桥栏很低，似分非分，保持了水面的广阔浩渺（图537、553、559）。

远香堂西接倚玉轩。池水自倚玉轩分出一支向南展延直至墙边，这一带水面以幽曲取胜，廊桥小飞虹与水阁小沧浪，皆东西方向横跨水上，两侧亭廊棋布，组成水院，环境恬静（图554~557、560）。其北则有旱船香洲与桂丛一区（图553、576~577）。由小沧浪凭槛北望，透过小飞虹，遥见荷风四面亭，以见山楼作远处背景，空间层次深远（图536、560）。香洲与倚玉轩（图518）横直相对，其间池面较窄，旱船内有大镜一面，反映对岸倚玉轩一带景物，也是增加景深的一种方法。

远香堂东面另有土山一座，叠以黄石，山上建绣绮亭（图578~579），山南即枇杷园（图561~562）。此山与远香堂南面的假山以石壁和石坡互相穿插伸延，并利用枇杷园的云墙使两山在构图上组成有机整体。山南侧枇杷园一区建筑不多，院内布置简洁。山东侧海棠春坞庭中唯海棠数本、榆一株、竹一丛，却能重点突出，配置得体（图147）。建筑物之间用曲廊相接，在不大的面积内分隔成几个空间，通过漏窗、洞门又可连成一气（图148）。枇杷园北侧云墙上圆洞门名"晚翠"，自此门南望，以嘉实亭为主体构成一景（图40），复自枇杷园内透过此门北望，以掩映于林木中的雪香云蔚亭为主体又构成一景（图38），是园中对景的佳例。

综观此园中部布局，池水为其中心，水面有聚有分，其聚处如远香堂北面以辽旷见长，分处如小沧浪一带则以曲折取胜。整个水面既有分隔变化，又彼此贯通，互相联系，并在东、西、西南留有水口，伸出如水湾，有深远不尽之意（图554、574）。园内建筑大都临水，造型轻盈活泼，并尽量四面透空，以便尽收山水景色。因水多而桥多，平桥低栏，简洁轻快，与平静的水面及环境能相互协调。空间划分，妙于利用山池、树木、房屋而少用围墙，故园内空间处处沟通，互相穿插，形成丰富的层次。山池房屋布置疏密有致，以疏为主，体量尺度又能恰如其分。凡此种种，使此园具有开阔疏朗、明净自然的鲜明特色。在对比处理方面，如隔岸北望，山上林木苍翠，山石与亭榭半掩半露，掩映于一片池水之中，犹是江南水乡的天然景致。南岸一带则台馆分峙，与北岸产生明显的对比。他如西南角以亭、阁、廊、桥、回抱的幽曲水院与疏朗的北部山池之间不同景色的对比等，都是成功之例。但北侧围墙平直，沿墙一带水池驳岸也嫌呆板，虽有池中两山作屏障，并在沿墙密植竹林以为补救，但总感美中不足。

柳阴路曲南端有半亭别有洞天（图580），由此而西，便是此园的西部，清末称补园。总体布局也以水池为中心，主体建筑在池的南岸靠近住宅一侧（图581）。水池呈曲尺形，西南角一分支向南延伸（图582）。池北为假山，山上及傍水处建以亭阁（图538、583）。南面的二十八鸳鸯馆（图584~585）为主体建筑，可由住宅经曲廊达馆内。馆平面为方形，中间用槅扇与挂落分为南北两部，采用鸳鸯厅形式，北半厅称三十六鸳鸯馆，南半厅称十八曼陀罗花馆，并在四隅各建耳室一间，原作演唱侍候等用，反映了使用上的阶级性（图166~169）。馆南有小院，内植山茶，北临曲池，面对主景（图538、586）。但由于此馆体形硕大，而基地狭窄，迫使向北挑出水上，以致池面被挤，空间逼隘，既不能表现建筑本身的特点，水面也由此失却辽阔之势。馆西侧池水则缺乏曲折开合的变化。馆东叠石为山，山上建亭（图47），自亭中既可俯瞰园内景物，又可借中部景色（图46），故称宜两亭。自亭往北，沿池东有长廊与东北隅的倒影楼相接。此廊曲折起伏跨水而建，凌水若波，构筑别致（图587）。倒影楼与宜两亭隔池互为对景（图588~589），倒影映于澄澈的水面，是此园西部景色最佳处。这一带池水原与中部相通，分园时筑墙堵水，池面被隔绝。中华人民共和国成立后与中部合并，又辟水洞沟通两边池水，波形廊沿墙也增开漏窗，对丰富园景产生了良好的效果。

在归田园居旧址上新建的东部，面积约31亩，为适应广大人民群众休息游览和文化活动的需要，布置了大片草地和茶室、亭榭等建筑物，具有明快开朗的特色（图541）。草坪之西隔水有土山，山上树木森郁（图412、497），四周曲水萦绕，向东聚为清池，池面开阔，夹岸绿柳成行，繁花弥望（图540）。山巅立亭名放眼（图545），水际安榭名芙蓉（图546），各成构图中心，相映成趣。植物配置以群植和丛植为主，黑松、广玉兰、桂、青枫、香樟等大片栽植成林（图543）。园北侧新建茶室秫香馆（图547），规模远远超过旧式厅堂，尺度与开阔的园景颇为相称。局部湖石池岸与叠石峰沿袭传统做法而有创新，现此区仍在不断建设完善中。

全园三部分各具特色，而中部山水明秀，厅榭精美，池广树茂，景色自然，具有江南水乡风格，是我国园林艺术的珍贵遗产（图590）。

图 518　中部园景

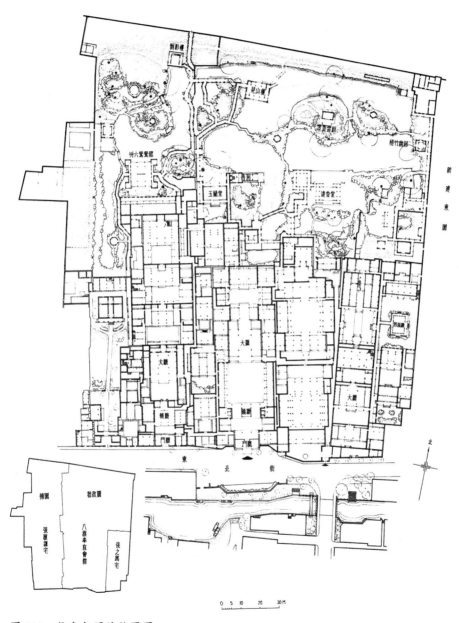

新建东园

北

0 5 10   20   30 M.

图 519　住宅与园林位置图

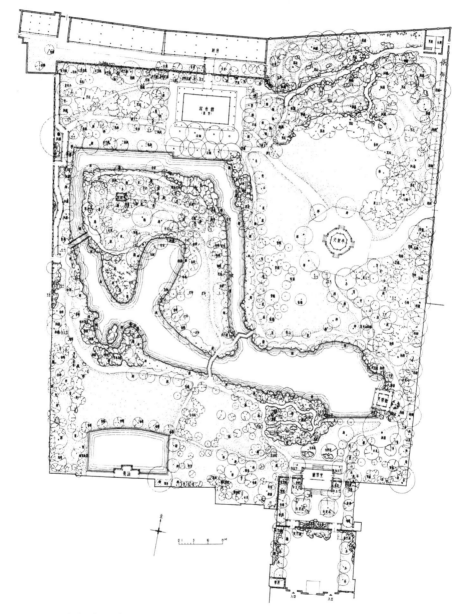

图 520　东部平面图

图 521　中部园景鸟瞰之一

图 522　中部园景鸟瞰之二

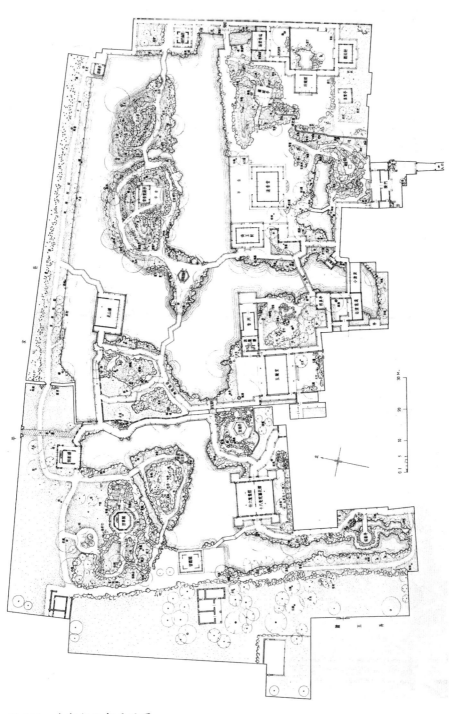

图 523　中部与西部平面图

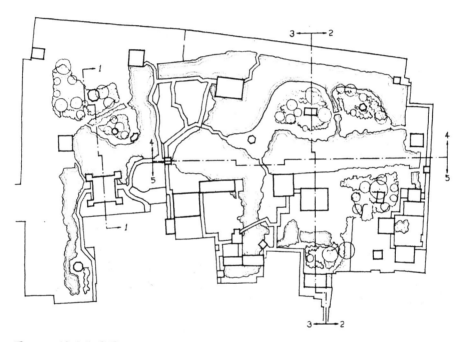

图 524　剖面位置图

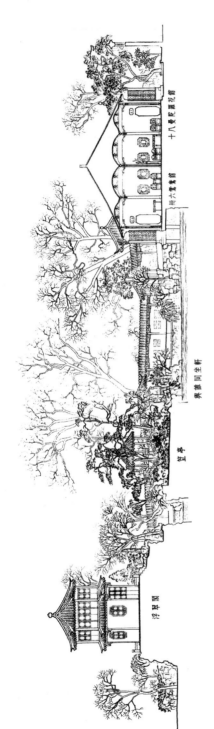

图 525　剖面 1—1

图 526　剖面 2—2

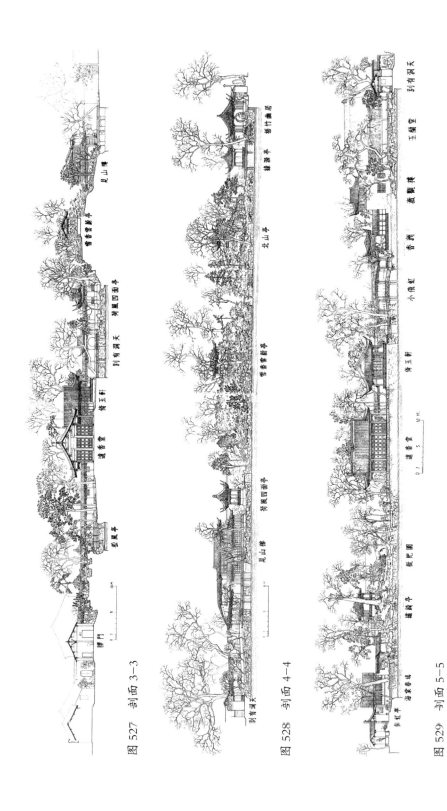

图 527　剖面 3-3

图 528　剖面 4-4

图 529　剖面 5-5

小飞虹

小沧浪

图530　明文徵明绘《拙政园图》

图531　清方士庶绘《拙政园图》

图 532　清汪鋆绘《拙政园图》

图 533　清吴俊绘《拙政园图》

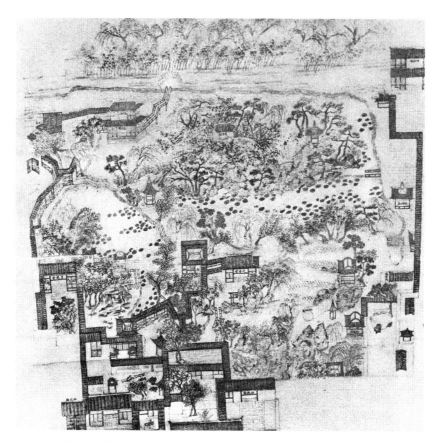

图 534　清光绪《八旗奉直会馆图》

图 535　自倚玉轩向东北望山池景面

图 536　荷风四面亭周围景物

图 537　中部山池全景

图 538　西部山池全景

图 539　东部入口

图 540　东部水池

图 541　东部山池

图 542　东部兰雪堂

图 543　东部松林

图 544　东部曲廊

图 545　东部土山

图 546　东部芙蓉榭

图 547　东部秣香馆

图 548　中部腰门对景

图 549　远香堂南面外景

图 550　中部北面水池东望

图 551　远香堂与倚玉轩

图 552　玉兰堂

图 553　香洲雪景

图 554　小飞虹远景

图 555　小沧浪

图 556　小沧浪水院

图 557　小沧浪水院鸟瞰

图 558　海棠春坞北面

图 560　小飞虹廊桥雪景

图 559　中部山池西北景面

图 561　枇杷园北面景物

图 562　枇杷园东南景物

图 563　见山楼与荷风四面亭周围景物

图 564　见山楼侧楼廊

图 565　见山楼北面

图 566　见山楼北面

图 567　柳阴路曲周围景物

图 568　柳阴路曲空廊

图 569　远香堂东南山池

图 570　中部土山与雪香云蔚亭

图 571　待霜亭（北山亭）、绿漪亭与梧竹幽居亭一带景物

图 572　中部山林与池畔苇丛

图 573　由中部水池东望梧竹幽居亭

图 574　梧竹幽居亭南面景物

图 575　自梧竹幽居亭北望

图 576　香洲南侧景物

图 577　香洲北侧景物

图 578 绣绮亭

图 579 绣绮亭侧面景物

图 580　中部别有洞天半亭与西部宜两亭

图 581　三十六鸳鸯馆北面山池

图 582　自留听阁南望塔影亭周围景物

图 583　留听阁近景与浮翠阁远景

图 584　三十六鸳鸯馆北面外景

图 585　三十六鸳鸯馆内景

图 586　自三十六鸳鸯馆北望浮翠阁

图 587　西部波形廊

图 588　西部扇面亭与倒影楼周围景物

图 589　自倒影楼南望宜两亭周围景物

图 590　自小飞虹望倚玉轩

留　园①

　　留园在阊门外，面积约30亩，是苏州大型古典园林之一。明嘉靖年间太仆寺徐泰时置东西两园，于东园搜罗奇石，延周秉忠（时臣）筑假山。②西园后来成为戒幢律寺。清嘉庆间东园故址经改建称寒碧庄，并集太湖石十二峰于园内，为当时名园之一，规模东自揖峰轩，西至涵碧山房一带（图591），后荒芜。光绪初重建，扩大范围，增添建筑，改名"留园"（图592）。中华人民共和国成立前夕园已芜秽狼藉，残破不堪。中华人民共和国成立后全面修复，于是一代名园丽色重新，1961年由国务院公布列为全国重点文物保护单位③。

　　全园大致分为四部分（图593~600），中部是寒碧庄原有基础，经营最久，以后虽有局部改观，仍不失是全园精华所在（图601~606），

---

①　此园清乾隆间为官僚刘恕（蓉峰）所有（图609），经修葺，于嘉庆三年（1798）落成，"竹色清寒，波光澄碧，擅一园之胜，因名之曰寒碧庄"［嘉庆六年（1801）钱大昕《寒碧庄宴集序》］，后亦称寒碧山庄，世称"刘园"。太平天国以后，阊门外独留此园。光绪二年（1876）官僚盛康（旭人）据此园，遂谐刘园之音，命名为"留园"（事见范来宗《寒碧庄记》与留园匾额上吴云所记及俞樾《留园记》）。

②　明袁宏道《袁中郎先生全集》卷十四："徐同卿（按：徐泰时）园，在阊门外下塘，宏丽轩举，前楼后厅，皆可醉客，石屏为周生时臣所堆，高三丈，阔可二十丈，玲珑峭削，如一幅山水横披画，了无断续痕迹，真妙手也。"现留园中部池北，池西假山下部以黄石堆叠，似为当时遗物。上部后经多次修理，杂置湖石，较琐碎而零乱。

③　1961年3月4日国务院公布《第一批全国重点文物保护单位名单》编号124。

东、北、西三部分是光绪年间所增加。

　　中部又分东、西两区，西区以山池为主（图607~608），东区则以建筑庭院为主（图610~614）。此园原位于住宅之后，由住宅入园之门，设在五峰仙馆东侧的"鹤所"附近（图615）。但当时私家园林常在春时开放，以邀时誉，故另辟园门。今天留园入口仍按原来格局。入门后，经过曲折的长廊和小院两重，到达古木交柯，即可透过漏窗隐约看见山池亭阁的一鳞半爪（图616），由古木交柯西面空窗望去，绿荫轩及明瑟楼层次重重，景深不尽。

　　山池一区大体西北为山，中为池，东南为建筑（图617）。这种布置方法使山池主景置于受阳一面，是苏州大型古典园林常例。园内有银杏、枫杨、柏、榆等高大乔木十余株，其中不少是百年以上古树，园内山林森郁气氛主要由此形成（图608）。曲溪楼前的枫杨，绿荫轩旁的青枫，婀娜多姿，为园景增色不少（图618），但曲溪楼前原有的枫杨近已不存。山为土筑，叠石为池岸蹬道，整体看去，山石嶙峋，大意尚佳，用石以黄石为主，气势浑厚，尤其西南一带较好，但在黄石上列湖石峰，有琐碎而不协调之感。西、北两山之间有水涧（图619），似池水有源；涧口有石矶，上架石梁，但石矶过大，障蔽水涧，效果较差。池北假山以可亭为构图中心（图608）。西山桂树丛生，有爬山廊通至山巅闻木樨香轩（图607），登山俯视，园中景色尽收眼底（图618）。池水东南成湾，但这一带池岸规整平直，稍嫌呆滞，且绿荫轩距水面嫌高，不及网师园濯缨水阁位置斟酌得当。池东以小岛"小蓬莱"及平桥划出一小水面，与东侧的濠濮亭、清风池馆（图620）组成一个小景区（图602），以前此处有古树斜出临池，环境幽僻封闭，与外界适成对比。但小蓬莱位置逼近池心，因而使池面缺乏弥漫开旷感觉；岛上紫藤花架形象与周围环境不够协调，是其不足之处。

　　池东曲溪楼一带重楼杰出（图618、621），池南有涵碧山房、明瑟楼、绿荫轩等建筑，高低错落，造型多变化，白墙灰瓦配以栗色门窗装修，色调温和，与环境谐调，可称苏州古典园林建筑的优秀作品（图622）。池南建筑群虽沿界墙布置，但其间留有形状尺度富有变化的小院，布置竹石花台，是周边处理的较好例子。

山池以北，沿界墙原有"自在处"（在现远翠阁处）（图623）及"半野草堂"两处建筑，以曲廊连接作为北侧沿周边的结束，现在半野草堂已不存，留长廊一道，略有竹丛树木（图261）。西部土山上有云墙起伏，墙外更有高阜枫林作为远景，层次丰富（图624~625）。

自曲溪楼东去有庭院数区，原是官僚地主在园内进行各种享乐活动的所在，以高大豪华的主厅五峰仙馆为中心，有书房还我读书处及揖峰轩、汲古得绠处、西楼、鹤所等辅助用房环绕于四周（图611~614、626~628）。五峰仙馆梁柱用楠木，又名楠木厅。前院内叠湖石假山，是苏州各园厅山中规模最大的一处（图626）。揖峰轩前庭院中立湖石峰（图611），环峰四周为回廊（图612），廊与墙间划分为小院空间，置湖石、石笋，植翠竹、芭蕉（图614）。此轩窗口处又另置竹石，构成一幅幅画面。

自揖峰轩东去，是旧日园主为炫耀冠云峰而建造起来的一组建筑群，其布局形式以突出此峰为主（图629）。冠云峰是苏州各园湖石峰尺度最高者，相传是明代东园旧物，旁立瑞云、岫云两峰。此组石峰的主要观赏点是池南的鸳鸯厅——林泉耆硕之馆（图630），厅南原有戏台，已废，中华人民共和国成立后辟为东园一角（图631~632）。冠云峰北面以冠云楼作为屏障（图633），登楼可以远眺虎丘，是借景的一例。冠云峰东西侧为曲廊，有贮云庵、冠云台（图634）等建筑。但全区缺乏大树，空阔少层次。

北部也是清末增加部分，原有建筑中华人民共和国成立前已不存（图592），现已辟为盆景区。

西部之北为土阜，是全园最高处，原可远借虎丘、天平、上方、狮子诸山及西园等处风景（图635）。阜上枫树成林，秋天红叶与中部银杏相映，色彩丰富（图625、636）。西部南为平地，其北有曲溪宛转于山下（图637）。

　　此园建筑空间处理颇为精湛。无论从鹤所入园，经五峰仙馆一区，至清风池馆、曲溪楼到达中部山池，或从园门进入，经曲溪楼，五峰仙馆进入东园，空间大小、明暗、开合、高低参差对比，形成有节奏的空间联系，衬托出各庭院的特色，使园景富于变化和层次。如从园门进入，先经过一段狭窄的曲廊、小院，视觉为之收敛。到达古木交柯一带，空间略事扩大，南面以小院采光，布置小景二三处，北面透过漏窗隐约可见园中山池亭阁。通过以上一段小空间"序幕"，绕至绿荫轩，豁然开朗，山池景物显得格外开阔明亮（图608）。由此往东，经曲溪楼等曲折紧凑的室内空间到达主厅五峰仙馆，顿觉室内宏敞开阔，都是对比手法的运用。厅四周的鹤所，汲古得绠处等小建筑，本是辅助用房，故空间较低小。厅东揖峰轩一带由六七个小庭院组成，由于各小院相互沟通穿插，使揖峰轩周围形成多层次画面，故无局促逼隘的感觉。再往东至林泉耆硕之馆，又是厅堂高敞，庭院开阔，石峰崛起，是东部的重点景区。在这几组建筑之间，另有短廊或小室作为联系与过渡，进一步加强了对比效果。

　　综观此园，规模较大，建筑数量较多，园内厅堂在苏州诸园中也最为宏敞华丽。在当时的历史条件下，为取得多样的园景和解决建筑过于密集而采取一系列有变化的空间处理和建筑布置等手法，充分表现了古代建筑匠师的高度技艺水平和智慧创造。

图 591　清中叶刘懋功绘《寒碧山庄图》（摹本）

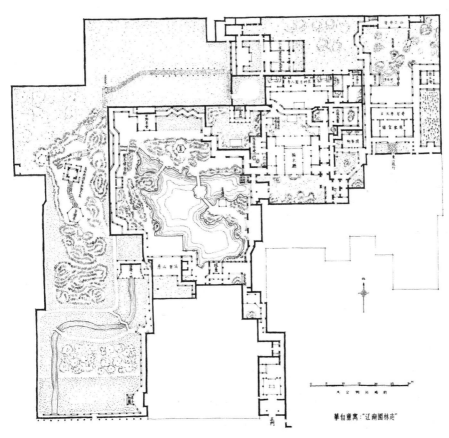

图 592　留园旧状平面图

图 593　总平面图

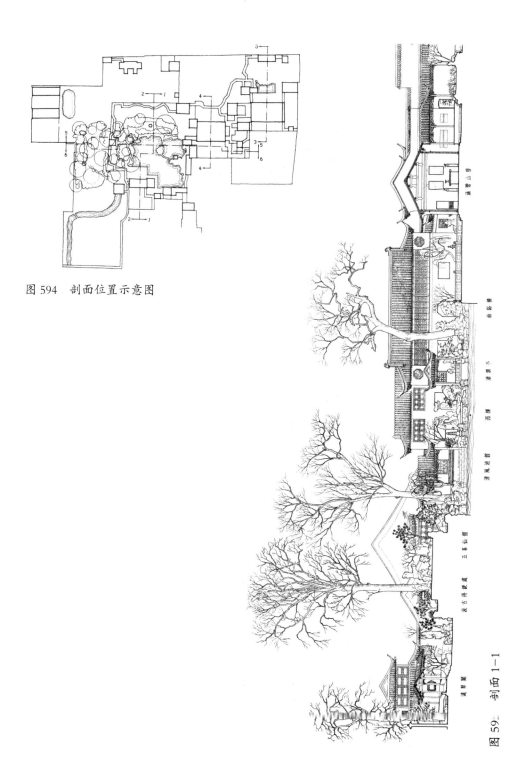

图 594　剖面位置示意图

图 59_　剖面 1—1

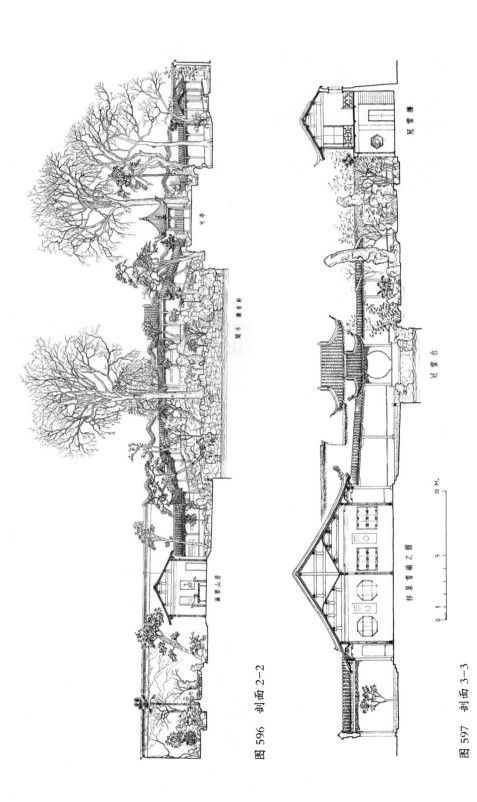

图 596　剖面 2-2

图 597　剖面 3-3

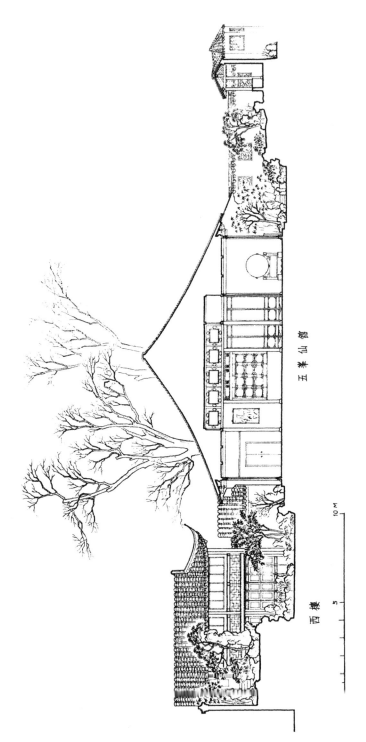

五峰仙馆

西楼

图 598　剖面 4-4

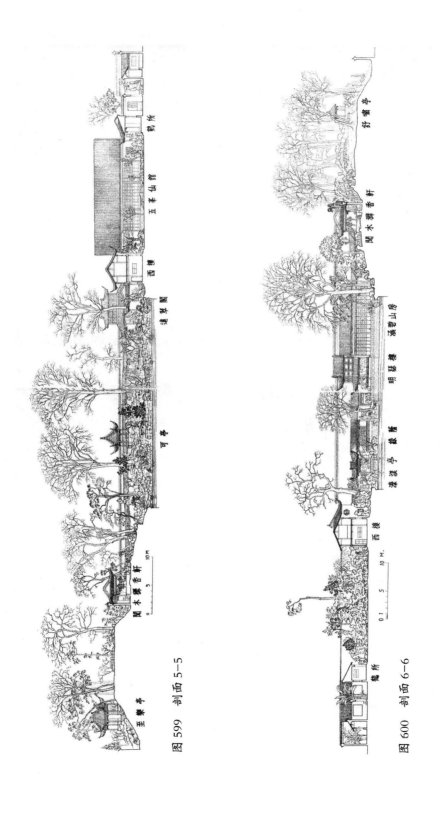

图 601　华步小筑

图 602　中部南面景物

图 603　明瑟楼周围景物

图 604　明瑟楼一角

图 605　明瑟楼窗景

图 606　中部曲廊

图 607　中部西北面景物

图 608　中部北面山池全景

乾隆五十四年（1789）王学浩绘　　　　乾隆五十九年（1794）翟大坤绘

图 609　清乾隆间《柳恕园图》

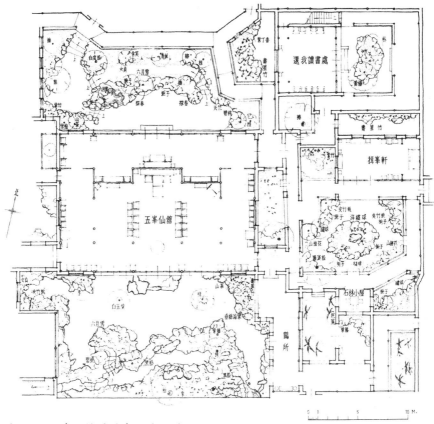

图 610　五峰仙馆周围庭院平面图

图 611　揖峰轩前院——石林小院

图 612　揖峰轩东侧走廊

图 613　五峰仙馆北面庭院与曲廊

图 614　石林小院一角

图 615　鹤所西面

图 616　自古木交柯望可亭

图 617　中部东南面景物

图 618　曲溪楼周围景物

图 619　中部水湾

图 620　清风池馆

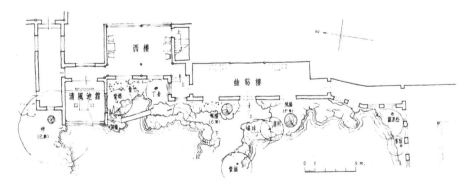

图 621　曲溪楼一带平面图

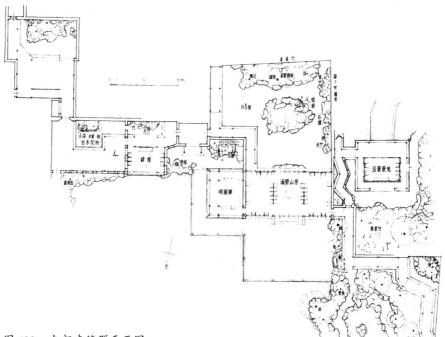

图 622　南部建筑群平面图

图 623　远翠阁

图 624　中部曲廊雪景

图 625　西部山上枫林

图 626　五峰仙馆南面庭院

图 627　五峰仙馆北面庭院

图 628　西楼一角

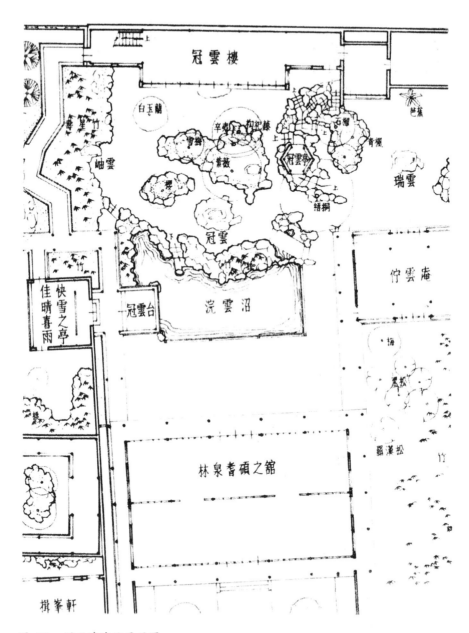

图 629　冠云峰庭院平面图

图 630　冠云峰庭院鸟瞰

图 631　东山丝竹

图 632　东园八角亭

图 633　冠云峰庭院西北面

图 634　冠云台

图 635　西部至乐亭

图 636　西部舒啸亭

图 637　西部活泼泼地水阁

443

狮子林 [①]

狮子林位于园林路。元末至正二年（1342）僧惟则（天如禅师）的门徒为其建庵于此，初名狮林寺，后改菩提正宗寺，亦称狮子林。园在寺的北侧，其地原为宋代废园，多竹林怪石。明洪武初画家倪瓒（云林）作《狮子林图》（图638）。清康熙、乾隆曾先后几次来游，并仿建于承德避暑山庄内。

此园范围起初较狭小，原是僧流谈禅静修的处所，建筑物不多，也较简朴，以石峰奇巧、竹树阴森见称。[②]明嘉靖间被豪家占为私园，万

---

① 狮子林的命名，据元至正十四年（1354）欧阳玄《师子林菩提正宗寺记》："姑苏城中有林曰师子，……林有竹万个，竹下多怪石，有状如狻猊者，故名师子林。且师得法于普应国师中峰本公，中峰倡道天目山之师子岩，又以识其授受之源也。"又元代危素《师子林记》："师子林者天如禅师之隐所也，师既得法于天目山中峰本禅师，……林中坡陀而高，山峰离立，峰之奇怪而居中最高，状类师子，……其余乱石磊块，或起或伏，亦若狻猊然，故名之曰师子林。且谓天目有岩号师子，是以识其本云。"（均引自明代释道询重编《师子林纪胜集》）可知因园中多怪石及为纪念佛徒衣钵师承关系而得名。

② 元至正七年（1347）郑元祐《立雪堂记》："其为室不满二十楹，而挺然修竹则几数万个。"元欧阳玄《师子林菩提正宗寺记》："寺左右前后，竹与石居地之大半，故作屋不多。"明洪武五年（1372）王彝《游师子林记》："其地特隆然以起为丘焉，杂植竹树。丘之北洼然以下为谷焉，皆植竹，多至数十万本。……凡丘之颠踵自三、四峰外，诸小峰又数十计，且丛列怪石，什伯为群，而所得诸作佳佳竹其间。"（均引自《师子林纪胜集》）可知狮子林建园之始房屋不多，而以土丘竹林、石峰离立为其特色，且未见有山洞之记录，和目前所见大不相同。

历间复为圣恩寺。清乾隆来游前后曾加修葺，并筑墙与佛寺分开，当时范围约当今日园内中部山池一带。[①] 至清中叶，园中叠山手法已略同于近代所见，而和建园初期迥异，但山中洞穴不及今日之多。[②] 1918年至1926年间又改建，并向池西扩大，堆置土丘[③]，东部建为宗祠族学。园内建筑基本上全部重建，其间掺揉了一些西式手法。中华人民共和国成立后予以整修，开放游览。

园的布局中部稍北为池，池东南二角掇石为山，建筑主要布置在山池东、北两翼，而以长廊贯通四周（图639~647），全园面积约15亩（包括祠堂部分）。

现在园门在东侧原来家祠处，入门后由祠西通道至燕誉堂。此堂做法属于鸳鸯厅类型（图354~355），庭院有花台石笋，夹峙玉兰两株，是庭院处理较好一例（图648~649）。堂北小方厅名"园涉成趣"，此处院内和古五松园的石峰，体形俯仰多变，峰体多孔穴，用铁件钩挂石料，水泥嵌缝，都是1918年至1926年间所堆，反映了当时的叠石风尚。

小方厅西去为指柏轩（图650），是园内正厅，有两层，形体较大。轩南面对假山（图651），山上罗列石峰、石笋，山内阴洞盘

---

① 清乾隆三十六年（1771）《南巡盛典》狮子林图。园与寺间有墙分隔，园中布局大致与今日相同，但池西紧靠界墙而无土山。

② 清中叶有不少关于狮子林的题咏，描绘了山洞曲折环回的景象，如赵翼《游狮子林题壁兼寄园主黄云衢诗》："取势在曲不在直，命意在空不在实。……一篑犹嫌占地多，寸土不留惟立骨。山蹊一线更纡回，九曲珠穿蚁行隙。入坎涂愁墨穴深，出幽蹬怯钩梯窄。上方人语下弗闻，东面来客西未觌。有时相对手可援，急起追之几重隔……"［咸丰七年（1857）《狮子林纪胜续集》卷中所引。黄云衢为乾隆十年（1745）进士，故此诗应作于乾隆、嘉庆间］。又清嘉庆间沈复《浮生六记》卷四评狮子林假山："竟同乱堆煤渣，积以苔藓，穿以蚁穴，全无山林气势。"钱泳《履园丛话》载清中叶叠山家戈裕良的评论："狮子林石洞皆界以条石，不算名手。"都可证明当时假山风格已大异于前。清曹凯《咏狮子林八景诗》中有"冈峦互经亘，中有八洞天，嵌空势参差，洞洞相回旋"［咸丰七年（1857）《狮子林纪胜续集》卷中所引］，可知，当时有八洞。而现在则有二十一洞。

③ 1918年贝氏购得此园，修筑扩建，用费七八十万银元。池西一带原属王姓，此时并入园内。

曲，山石缝中古木虬根盘绕，假山中央围成平地，筑楼名卧云室（图652），可与燕誉堂、小方厅相通。假山西侧有狭窄的水涧，涧西则是池中心一组假山（图653）。涧北端两组假山跨涧相连接，连绵成整体，手法别具匠心。跨涧建有修竹阁（图654）。

指柏轩往西是古五松园，庭院内散列石峰、古树，环境幽静（图655）。其南则临池建造荷花厅及真趣亭，是园中主要观赏处（图653），再西是暗香疏影楼（图656），自荷花厅至此一组建筑，东西横列，轮廓僵直，缺乏层次。

园西面土山（图657）是近代扩大园址时掘池积土而成。山上有飞瀑亭（图658）、问梅阁、双香仙馆等建筑。问梅阁是园西景物中心（图641），但形体过大。阁与飞瀑亭之间有涧谷，叠石递落，阁顶有水柜蓄水，沿涧谷流注池中，形成人工瀑布（图89）。

自问梅阁沿墙循廊南行折东，西南角有扇子亭（图659），亭后留小院布置竹石，如一幅小品画面。沿南墙则长廊高低起伏，其间穿插两处半亭，廊前沿池叠石成岸，石径曲折盘绕（图647），其用意在于南墙平直高峻，以此作为补救。这一段池岸叠石，只有修竹阁附近小赤壁一处，叠黄石为拱桥，模仿天然石壁溶洞形状，比较接近自然，并用以划分狭长带状水面，是此园叠石较成功的一处（图72、660）。

南墙走廊东端折为复廊（图260），过此可至东部建筑庭院部分而达于立雪堂（图661）。

此园四周是方整的高墙峻宇，布局未摆脱小型园林房屋围绕山池的通式。建筑风格糅杂，位置高下虽有变化，但尺度欠斟酌。水面回环曲折，尚有层次与深度，唯池面划分缺少重心。池中假山，轮廓琐碎，叠石零乱，缺乏自然感，仅以洞壑盘旋出入的奇巧取赏，但由于大树较多，为园中增加了不少山林景象。局部布置处理手法，如燕誉堂庭院、扇子亭、古五松园、小赤壁、修竹阁等处颇见匠心，均有可取之处。

图 638　倪云林绘《狮子林图》

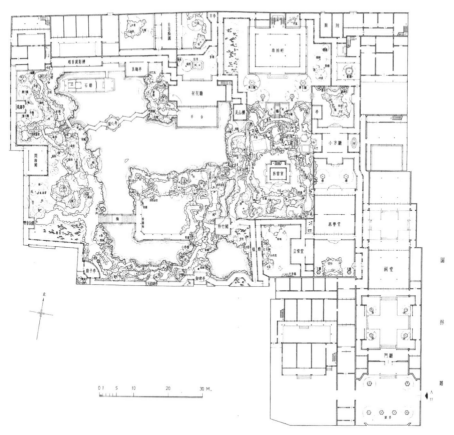

图 639　总平面图

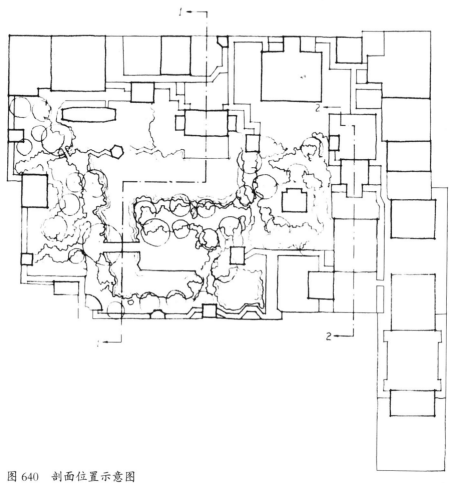

图 640　剖面位置示意图

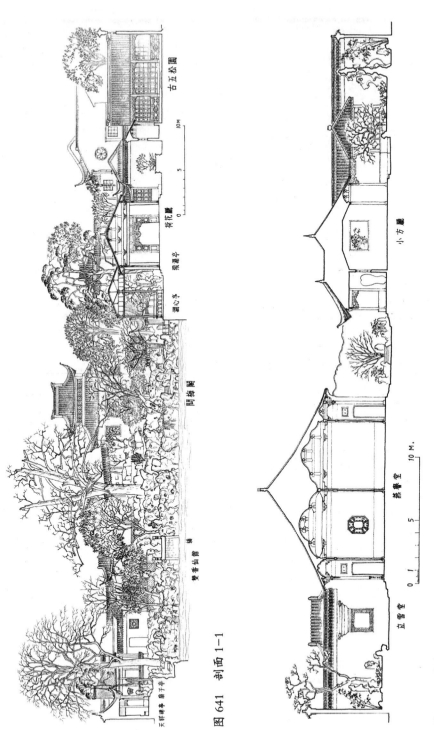

图 641　剖面 1-1

图 642　剖面 2-2

图 643　湖心亭

图 644　水池东面景物

图 645　水池西北面景物

图 646　曲廊

图 647　碑亭与曲廊

图 648　燕誉堂前院之一

图 649　燕誉堂前院之二

图 650　指柏轩一角

图 651　指柏轩南面对景

图 652　卧云室

图 653　山池全景

图 654　修竹阁

图 655　古五松园

图 656　暗香疏影楼

图 657　池西景物

图 658　飞瀑亭

图 659　扇子亭

图 660　小赤壁

图 661　立雪堂前院

沧浪亭

　　沧浪亭在城南三元坊附近，是苏州古典园林中历史最久的一处。五代末，这一带曾是吴越中吴军节度使孙承祐的别墅，后荒废。北宋中叶苏舜钦（子美）在此临水建沧浪亭，辟为园林。当时这里"崇阜广水""杂花修竹"[①]，富于自然景色。南宋初曾为韩世忠所居，大加扩建，规模很大。再后属于佛寺，逐渐荒废，到明代已是"竹树丛邃，极类村落"[②]的状况。清康熙三十五年（1696）重修，改移沧浪亭于土阜上[③]，并建轩、廊等建筑，临池造石桥作为入口处，成为今日沧浪亭的布局基础[④]（图662）。道光七年（1827）再修，建五百名贤祠。咸丰、同治间园毁，同治十二年（1873）重建，除亭址仍旧外，其余改变很多（图663）[⑤]。中华人民共和国成立后屡加整修，使古代名园成为广大劳动人民的游览胜地。

　　沧浪亭本来以"崇阜广水"为特色，以往"积水弥数十亩"，船可以通盘门，现在园外水面仍很宽广（图664~665），在苏州各园中尚属难得。园内土阜为苏州各园中地势较高的一处（图666），以往

---

① 宋苏舜钦《沧浪亭记》（宋范成大《吴郡志》卷十四所引）。

② 明沈周《草庵纪游诗并引》（清宋荦《沧浪小志》上卷所引）。

③ 清康熙宋荦《重修沧浪亭记》。

④ 宋荦《沧浪小志》附图及乾隆《南巡盛典》附图。

⑤ 清同治十二年（1873）张树声《重修沧浪亭记》（1928年《沧浪亭新志》所引）。

登高眺望，能见城外西南诸峰，形胜优越，但同治再建时，布局处理未能充分发挥这些优点。现存建筑物多属同治以后所建。

园的面积约16亩，布局以山为主，水面在园外，成为外景，建筑环山布置（图667~671）。园门位于西北角，外临清池（图672），门前设桥，渡桥入园，对门便是隆然高起之山。此山自西往东形体较长，山为土阜，四周山脚叠石护坡，沿坡砌蹬道。山的东段用黄石，是较早时期所叠，西段杂用湖石补缀，比较杂芜，是晚期修补所成。山上石径盘回，林木森郁，道旁箬竹被覆，景色自然（图671、673~674），是苏州各园中山景较佳的一处。环山随地形高低绕以走廊，配以亭榭。土阜最高处为沧浪亭（图666、676），但南面明道堂（图677）和五百名贤祠雍塞其前，遮蔽视线，结果登高而不能远眺，只得于堂祠之前另建看山楼（图178~180、678）作为补救。明道堂、五百名贤祠前院布置萧疏，缺乏园林气氛。祠南翠玲珑一带小馆曲折，处在竹丛之中，取苏子美诗"日光穿竹翠玲珑"之意（图679），环境较为清幽。自此沿廊绕西南角的小池折北过御碑亭（图680）便回到园门。园门西侧又有藕香水榭、闻妙香室、瑶华境界等处，自成院落（图664）。

山北临池，西有水榭名面水轩（图665、681），东有方亭名观鱼处（图682），亭轩之间连以复廊（图683~684），廊壁置漏窗沟通园内外风景。一般苏州私家园林大都高墙围绕，在墙内叠山掘池，唯恐闭藏不密，此园由佛寺变成祠宇，具有公开性质，其布局借用一部分外景，通过复廊将墙外的水和墙内的山连成一气，是借景佳例之一。这一带处于山水之间，得地形之利，林木葱郁，曲廊临池，是此园风景较佳处。

该园历史长久，大树较多，地势较优越，以此尚能保持自然景色。建筑简朴无华，别具风格，漏窗图案精美生动，尤一雷同。临水复廊，用漏窗疏通内外景物，是以后怡园、狮子林采用复廊的先例。

这些都是匠师们在实践中的发挥创造，用意手法甚有可取之处。但南部建筑布局平直呆板，北侧池岸缺乏高下变化，叠石又欠斟酌，都是不足之处。

图 662　清康熙王翚绘沧浪亭图

图 663　清光绪沧浪亭图

图 664　大门西侧池岸

图 665　面水轩一角

图 666　沧浪亭

图 667　总平面图

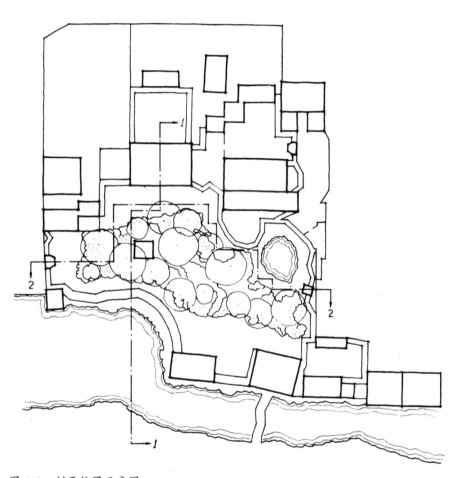

图 668　剖面位置示意图

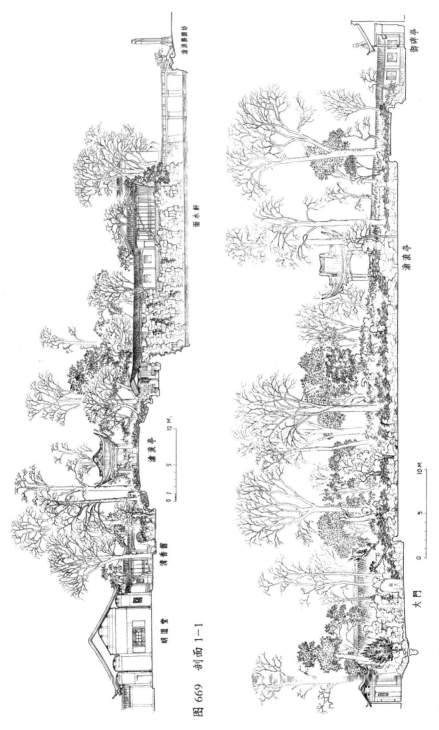

图 669　剖面 1-1

图 670　剖面 2-2

图 671　山林全景

图 672　大门与桥

图 673　山景一角

图 674　山径

图 675　清香馆

图 676　沧浪亭侧面

图 677　明道堂

图 678　看山楼

图 679　翠玲珑

图 680　御碑亭与水池

图 681　面水轩

图 682　观鱼处

图 683　沧浪亭与复廊

图 684　复廊与山景

网师园

　　带城桥南阔家头巷网师园，原为南宋官僚史正志万卷堂故址，当时称"渔隐"，后荒废。清乾隆中叶重建，改称网师园[1]。乾隆末年园又颓圮，再加修葺，遂成现在布局规模的基础。[2]其后几经兴衰，有所增补，如撷秀楼即为光绪年间所建。中华人民共和国成立后多次修整，起颓兴废，删除杂芜，又扩建了梯云室一区庭院和冷泉亭（图685）、涵碧泉等处，使这座久已散为民居的名园焕然一新。

　　此园位于住宅西侧，面积约8亩余（包括苗圃及厅堂部分）（图686~691），由阔家头巷住宅大门经轿厅折西有小门（楣上砖刻"网师小筑"）即此园入口。住宅后部也有边门和园相通，现在园门改由十全街后门经梯云室而进（图692）。

　　园内本是供旧园主享乐生活之用，故建筑物较多，组成庭院两区。南面的小山丛桂轩（又名道古轩）与蹈和馆、琴室为一区居住宴聚用的小庭院。北面的五峰书屋、集虚斋、看松读画轩、殿春簃等则

---

[1]　清乾隆中叶园主宋宗元（光禄寺少卿）借"渔隐"原意，自比为渔人，改称"网师"。

[2]　清乾隆六十年（1795）钱大昕《网师园记》："带城桥之南，宋时为史氏万卷堂故址。……襄卅年前，宋光禄悫庭购其地，治别业为归老之计，因以网师自号，并颜其园，盖托于渔隐之义。……光禄既殁，其园日就颓圮，乔木古石，大半损失，唯池水一泓尚清澈无羌。瞿君远村……买而有之，因其规模，别为结构，叠石种木，布置得宜，增建亭宇，易旧为新。"（此记刻石现存园内）

组成以书房为主的庭院一区（图688、693）。中部以水池为中心，配以花木、山石、建筑，形成主要景区（图694~696）。

小山丛桂轩是园中主要建筑（图697），但与苏州其他园林的花厅相比，体量较小。轩前后叠石，南侧湖石花台低矮，主植桂花（图427），北侧黄石假山"云冈"则较高峻（图106），山上疏植枫、桂、玉兰，形成不同景色。自轩循廊可至蹈和馆和琴室。此区空间狭仄封闭，走廊蟠回宛转，环境幽深曲折（图698）。

由山石丛错的小山丛桂轩，经一段低小晦暗的曲廊而达中部，池水荡漾，顿然开朗，这是以暗衬明和山石与池水对比的手法。中部水池面积约半亩，略呈方形，水面聚而不分，仅东南和西北两角伸出水湾。濒池而建的亭廊、水阁、石桥皆低凌水面（图699）。池面开阔，池岸低矮，黄石池岸叠石处理成洞穴状，使池面有水广波延与源头不尽之意。池中不植莲藻，使天光山色、廊屋树影反映于池中，丰富了景色。看松读画轩、集虚斋等主要建筑退隐于后，与水池之间或亘以假山、花台，或隔以庭院、树木，使体量较高的厅堂楼屋不致逼压池面，也增加了园景的层次和深度。自池南北望，较低的看松读画轩隐于树丛中，东北方有一前一后的楼房参差配列，高耸的古柏与贴水的曲桥、石矶亘列于中，临水的竹外一枝轩空透玲珑（图24、700），组成错落的构图（图694）。池南则轻巧的濯缨水阁与浑厚的"云冈"山崖相配列，产生较好的对比（图701）。池东靠住宅一面有大片高墙，运用空亭、空廊和在墙面增添水平线脚与假漏窗的手法，并在墙前叠假山，植紫藤、薜荔等藤蔓植物，对破除墙面的僵直平板感，收到一定效果（图696）。

北部的看松读画轩、集虚斋、殿春簃等书楼画室各成庭院，院内叠石成花台，用竹丛、花木、石峰构成院景（图693、695）。屋后则辟有小院，借以采光通风，小院内略置湖石，疏植竹、梅、芭蕉，构成窗景（图702）。地处西北隅的殿春簃一区书房庭院，旧日以盛植芍药闻名于时，庭中峰石峙列，树木疏朗，布置简洁，现增建了冷泉亭（图685）及涵碧泉，更丰富了院景。

园内建筑以造型秀丽、精致小巧见长，尤其是池周的亭阁，有小、低、透的特点，内部家具装饰也精美多致。此园用石按石质不同而分区使用，如中部池周假山、花台、池岸用黄石，其他庭院用湖石，不相混杂，较为合理。池岸用石下直上横，而以横石挑出形成各种洞窟窝凹，石径石岸曲折错落，注意大体积组合，故无某些池岸常犯的平直刻板或琐碎堆砌的弊病。植物配置注意种类的少而精。全园树木数量不多，有青枫、桂、白皮松、黑松、紫藤、玉兰等树种，由于修剪适当，较好地发挥了单株观赏的作用。

综观此园，以水为主，主题突出，布局紧凑，沿池布置简洁自然，空间尺度斟酌恰当。并成功地运用比例陪衬关系和对比手法，获得较好的艺术效果，尤以精致小巧著称，摒除了堆砌罗列的烦琐风尚，可视为苏州中型古典园林的代表作品。

图 685　冷泉亭

图 686　中部鸟瞰

图 687　中部园景

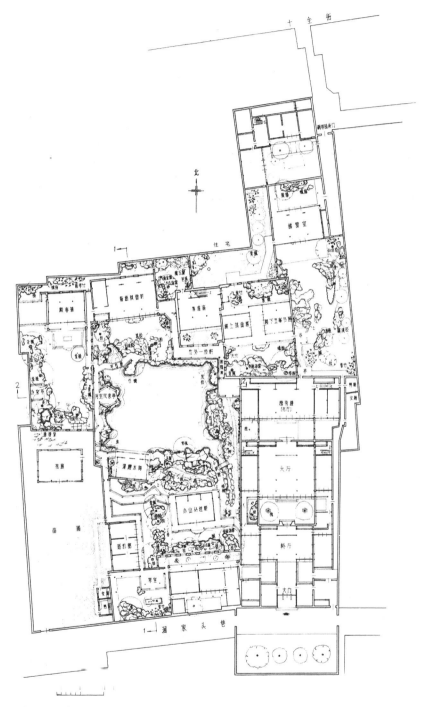

图 688　总平面图

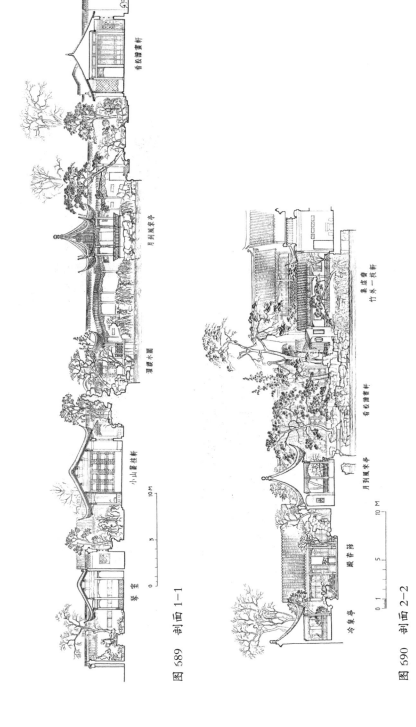

图 589 剖面 1-1

图 590 剖面 2-2

图 691　中部鸟瞰图

图 692　梯云室

图 693　殿春簃

图 694　水池东北景物

图 695　看松读画轩南面景物

图 696　水池东面景物

图 697　小山丛桂轩一角

图 698　曲廊

图 699　水池西北景物

图 700　竹外一枝轩

图 701　濯缨水阁

图 702　殿春簃内景

怡　园[①]

怡园建于清末同治光绪年间，为一官僚的私园，园西与祠堂毗连相通，南与住宅隔巷相对。现在园内山池亭馆基本上仍保持原来布局（图703~704）。[②]

此园总平面东西狭长，面积约9亩，分东西两部（图705~711）。东部原是明朝一官僚旧宅基址，西部为清末建园时所扩建，两部之间用复廊相隔。复廊东以建筑庭院为主，复廊西是全园重点所在，水池居中，环以假山、花木及建筑。

现在园门在东北角，临人民路。[③]由园门入东部小院（图712），经曲廊及玉延亭至四时潇洒亭（图713）而分为两路：其一循廊向西，过玉虹亭，石舫到复廊北端的锁绿轩而进入园之西部（图714）；另一路沿廊向南经东部主要建筑坡仙琴馆（又名石听琴室）（图715）及拜石轩（又称岁寒草庐），西至复廊南端的南雪亭（图716）而抵西部东南角。坡仙琴馆及拜石轩前各有庭院，中列石峰及

---

① 据清俞樾《怡园记》称："顾子山方伯既建春荫义庄，辟其东为园，以颐性养寿，是曰怡园。"（民国《吴县志》卷三十九上）顾文彬（子山）是镇压太平天国的刽子手官文、胡林翼、李鸿章等人的爪牙，后在浙东做官（宁绍台道），大肆搜刮，在苏州则营造祠堂、花园、住宅，一园之费，耗银达二十万两。

② 俞樾《怡园记》所描述的情况与现状大致相符。

③ 整理者按：现在的园门为1968年新建。

湖石花台，植银杏、蜡梅、枫、柏、山茶、银薇、竹等。复廊逶迤曲折，壁间设漏窗沟通两面景色，增加景深（图717）。

西部中央凿东西狭长的水池，池北叠湖石山，建筑布置在池南侧。主要厅堂藕香榭，内部装修原极精致，但毁于日本帝国主义占领期间。此厅内部做成鸳鸯厅形式：北半厅称"藕香榭"（图718~720），又名"荷花厅"，有平台临池（图154），夏季可观荷花；南半厅称"锄月轩"，厅南叠不规则湖石花台，高低错落，上植牡丹、芍药、杉、桂、白皮松等（图510）。花台以东则有梅花数十株（图465），故南半厅又称梅花厅。厅东有廊与南雪亭相接。出厅东北渡曲桥可至金粟亭（图225）、锁绿轩一带，西行则至碧梧栖凤馆（图721）、面壁亭（图722）。池北假山以湖石叠成，石壁与山洞比较自然，有大体大面，手法较好（图703、723~724），可是池岸较为僵直，山上东端石峰稍嫌琐碎，石壁高度也偏低，与池馆尺度不称。

池西部有水门，池水经北曲折向西北汇成小池，其尽端有旱船画舫斋，装修精美，为当地旱船之冠（图725）。最西是湛露堂，为一独立的封闭庭院，院内筑牡丹花台，并有白皮松、桂、紫薇等花木。由画舫斋北面向东可至假山石洞，穿洞拾级盘旋登山至螺髻亭（图726~727），可俯览全园山池亭馆。过山上小沧浪亭即达园东北的金粟亭及锁绿轩。金粟亭四周遍植桂树，石峰林立，构成一种萧疏的景色。自此西望园中山池林木，参差隐现，层次颇多（图724）。

此园建造较晚，力求吸收苏州各园的长处，如旱船、复廊、悬镜（面壁亭内）、假山、石室等，有集锦式的特点，庭院处理也较精炼。但作为全园重心的西部，山、池、建筑各部的比重过于平均，相互之间缺乏有力对比。园景内容，因欲求全，罗列较多，反而失却特色，结果，山比环秀山庄大而不见其雄奇，水比网师园广而不见其辽阔，是其不足之处。

图703　山池全景

（1）藕香榭

（2）金粟亭

（3）画壁亭

图 704　清怡园图

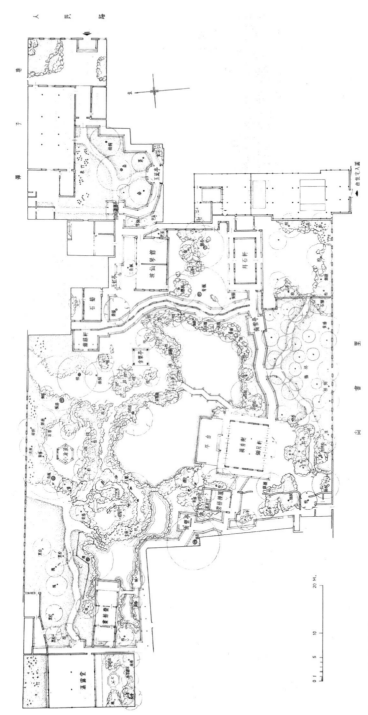

图 705　总平面图

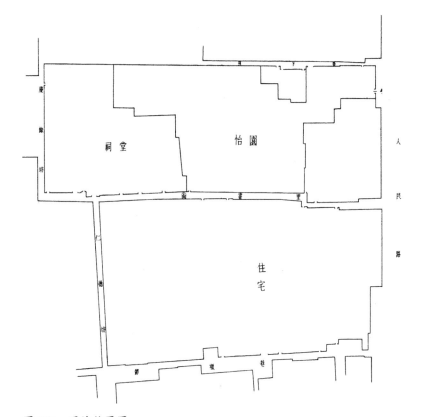

图 706　园林位置图

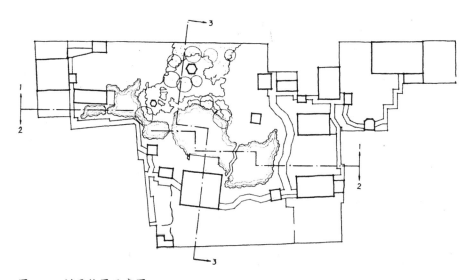

图 707　剖面位置示意图

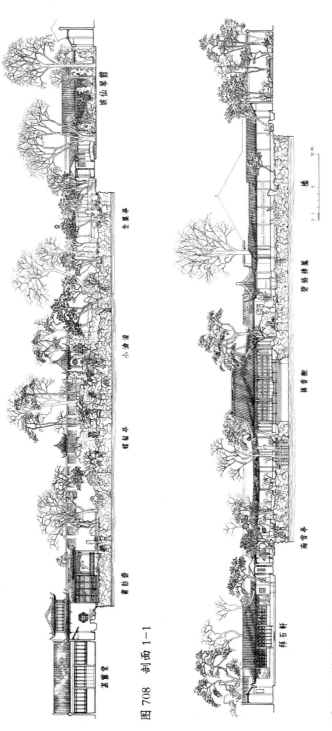

图 708 剖面 1-1

图 709 剖面 2-2

图 710　剖面 3—3

图 711　园景鸟瞰图

图 712　入口院景

图 713　四时潇洒亭

图 714　池东景物

图 715　坡仙琴馆

图 716　自南雪亭看曲廊

图 717　复廊

图 718　藕香榭

图 719　藕香榭北面对景

图 720　藕香榭南庭院

图 721 碧梧栖凤

图 722 面壁亭及水池

图 723　山池一角

图 724　池西景物

图 725　画舫斋

图 726　螺髻亭

图 727　画舫斋侧水湾与螺髻亭

耦　园

　　小新桥巷六号某宅因有东西两园，故称耦园。其中东园建于清初，名涉园，后废。清末经扩建增筑，始成现有布局（图728）。[①]后因年久失修，房屋回廊已有倒塌，花木则凋零殆尽，中华人民共和国成立后始予以修复（图729）。

　　西花园在住宅中轴线西侧，以书斋为中心分隔成前后两个小院。书斋称织帘老屋（图730），前设宽敞的月台。南面院落成不规则形状，并在西南角构假山一座，其余各处杂植花木，间置湖石。书斋后面又有一院，隔山石树木建书楼一座，是书房和庭院结合较好的例子（图731）。

　　自中轴线上的大厅往东，经客厅及两重小院而至小客厅（图732），再东便是东花园（图733）。东园面积约4亩，布局以山池为中心。主体建筑坐北朝南，是一组重檐的楼厅，在苏州各园中较为少见（图734）。东南角略突出，内辟小院三处，重楼复道，西与住宅相连，总称城曲草堂（图735），中间设大厅三间，是旧日园主宴聚处。楼厅前隔以宽阔的平坂草地，用黄石叠成假山，气势雄浑（图

---

①　"耦"与"偶"通。涉园原为清初保宁知府陆锦私园，又名小郁林。其后迭更园主，曾属
　　祝、沈、顾等姓。清末为官僚沈秉成所有，扩建西部而成耦园。事见清道光顾震涛《吴门
　　表隐》卷五及民国《吴县志》卷三十九下"涉园"条。

117）。假山东侧凿水池一泓，南北狭长。池东有廊，北接大厅东部，南通临水小亭，而池水则自假山向南伸展，有曲桥架于水上（图736）。池南端有阁跨水而建，称"山水间"（图737）。山水间水阁隔黄石假山与城曲草堂南北相对，组成以山为主体的主要景区（图28）。山水间之南另有一厅一楼，两者以阁道相接。小楼名听橹楼（图739），僻处园之东南尽端，楼北布置山坡石径，栽植花木，自成一个幽僻的小景区（图740）。

城曲草堂前的黄石假山，由东西两部分组成，东半部较大，自厅前石径可通山上东侧的平台和西侧的石室。平台之东，山势增高，转为绝壁，直削而下临于水池，绝壁东南角设蹬道，依势降及池边，此处叠石气势雄伟峭拔，是全山最精彩部分（图113）。假山西半部较小，并自东而西逐级降低，坡度也渐平缓，边缘止于小客厅的右壁（图732）。东西两半部之间辟有谷道，宽仅一米余，两侧削壁如悬崖，形似峡谷，故称"邃谷"（图116）。绝壁东临水池，此处水面开阔，假山体量与池面宽度配合适当，空间相称，自山水间或自池东小亭隔岸远眺，山势陡峭挺拔，体形浑厚。山上不建亭阁，而在山顶山后铺土处疏植山茶、绣球、紫薇、蜡梅、天竹及女贞、黄杨、扁柏、国槐等花木，几株树木斜出绝壁之外，与壁缝所长悬葛垂萝相配，增添了山林的自然风味（图729）。此山不论绝壁、蹬道、峡谷、叠石，手法自然逼真，石块大小相间，有凹有凸，横直斜互相错综，而以横势为主，犹如黄石自然剥裂的纹理（图117），和明嘉靖年间张南阳所叠上海豫园黄石假山几无差别，可能是清初涉园的遗物，也是当地可贵的历史文物之一，但山顶石室为清末所加，似不恰当。山水间东侧，面对听橹楼北面以土坡花台为对景自成一区。土坡以黄石作边范，培土于上，略成阶台状，其间盘以石径，掩以竹丛，散植合、梅、广玉兰、紫薇等花木，并以白墙为底，竹丛作衬，显得清新活泼，同隔岸雄浑峭拔的黄石假山遥相呼应，产生对比。

　　东园布局以山为主，以池为衬，重点突出。作为全园主题的黄石假山是苏州各园中较为成功的一例（图741~742）。此山不仅叠石自然，位置也较恰当，由于重楼主体建筑退居园后，假山略偏轴线一侧，便于从各个角度观赏。水阁"山水间"内"岁寒三友"落地罩（图345）雕刻精美，规制较大，为苏州各园之冠。此园临池建筑缺乏高下曲折变化，池中石桥过高，是不足之处。

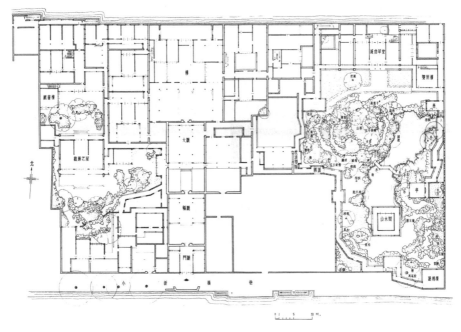

图 728　总平面图

图 729　东部园景

图 730　西园织帘老屋

图 731　西园书楼

图 732　小客厅前景

图 733 东园入口

图 734　双照楼

图 735　城曲草堂与假山

图 736　东园水池一角

图 737　山水间水阁

图 738　曲廊

图 739　听橹楼

图 740　山水间水阁东面景物

图 741　黄石假山北面

图 742　黄石山一角

艺　圃

　　艺圃在文衙弄五号，始建于明，曾属官僚文震孟（文徵明曾孙），名药圃。清初改名艺圃，又名敬亭山房。[①]现在园内山池布局大致仍因明末清初旧况，全园面积约5亩。但据清朝康熙年间王翚（石谷）所绘《艺圃图》，池北原无水榭，临池仅作平台，平台之西原有厅堂（敬亭山房），现已不存，其前的荷池曲桥也有所改观。

　　进住宅大门，经曲折的长巷达前厅世伦堂，由此西行入园。园中主要厅堂博雅堂南有小院，院中设湖石花台，院南临池建水榭五间，挑于池面，水榭两侧厢房也临池而和池东西厢房相连属。园的总体布局以水池为中心（图743~744），池北以建筑为主，池南堆土叠石为山，山上林木茂密，西南辟小院一区，缭以围墙，开圆洞门与中部山池相通。池东西两岸以疏朗的亭廊树石作为南北之间的过渡与陪衬（图745）。

　　由水榭东厢房折南，沿东岸小径至乳鱼亭，此亭木构系明代遗物。池水于亭东南汇为一泓小池，架以微拱的石板桥（图68），形如苏州地区常见石桥的缩影，应是此园初期作品。渡桥至山下，路分为

---

① 清康熙五十年（1711）张松斋《采风类记》卷三《吴县下》："艺圃即文文肃公药圃，今为莱阳姜给谏侨寓，更名敬亭山房。"又见清魏禧《敬亭山房记》，清汪琬《姜氏艺圃记》《艺圃后记》，清黄宗羲《念祖堂记》（均见民国《吴县志》卷三十九上所录）。

二（图746）：一路入山洞而盘折登山至六角亭；另一路沿池南绝壁西行，而至池西南角的曲桥。此桥低贴水面（图747），西通回廊及圆洞门内小院。院中凿小池与大池相通，散置湖石花木，是园内最僻静的一区（图748~750），原有藏书楼（谏草楼）已不存。

此园水池占地约一亩，布置以聚为主，仅在东南角和西南角伸出水湾各一，水口各架石板桥一座，故水面显得开朗辽阔，而曲折的水湾又与主体池面形成对比。只是北岸水榭过于平直，显得呆板。池东西两岸层次也较少。池南假山用土堆成，临池用湖石叠成绝壁及危径，从池北眺望，山石嶙峋，树木葱郁，是园中的主要对景（图745、751）。石径、池水与绝壁三者结合相互衬托，这种手法也见于环秀山庄、网师园等处，是明清间苏州常用的叠山理水方式。此山用石不多，但石径洞壑曲折，富有变化，可是石块堆叠稍嫌琐碎，又因背光而立，石壁缺乏阴影变化，显得平板而少层次。山东侧有园外楼房及高墙暴露于园内，又缺乏遮蔽，是不足之处。

综观此园，布局简练开朗，池岸低平，水面集中，无壅塞局促之感，风格自然朴质，较多地保存了建园初期的规制，有一定的历史价值与艺术价值。

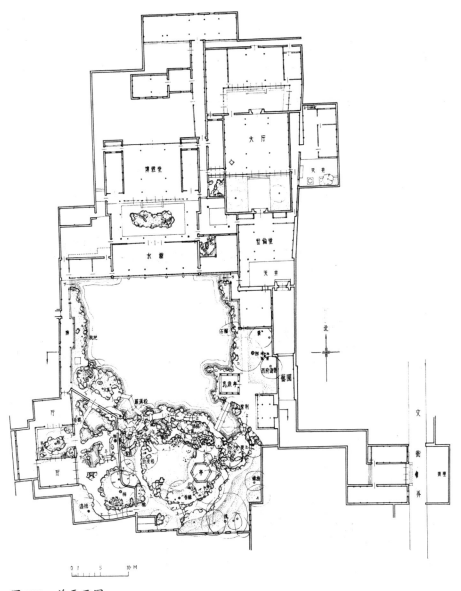

大厅

薄霞堂

天井

世纶堂

水榭

天井

北

石矶

西府海棠

绣园

文衡弄

凑壁

乳鱼亭

厅

厅

文卿弄

0 1 5 10 M

图 743　总平面图

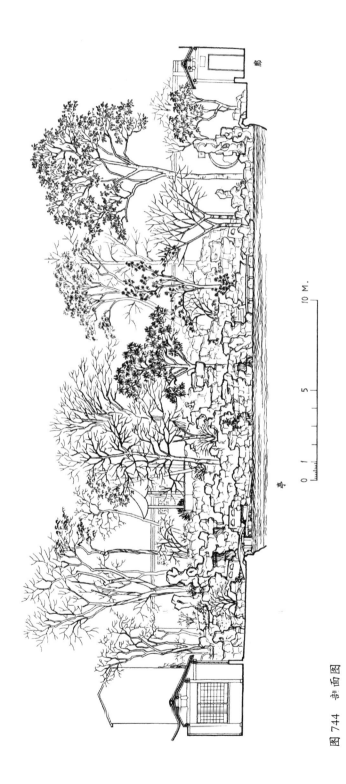

图 744　剖面图

图 745　山池西南面全景

图 746　池南叠山

图 747　池南水湾与曲桥　　　　图 748　庭院一角

图 749　浴鸥门与芹庐门　　　　　　图 750　芹庐院景

图 751　水池西南景物

环秀山庄

　　景德路二百八十号环秀山庄，始建于清朝乾隆年间，为一官僚私园，其后屡有兴废，道光末成为汪姓宗祠的一部分，更名环秀山庄①。中华人民共和国成立前，园中建筑除补秋舫（又称补秋山房）外全部颓毁。现存假山据记载是乾隆年间叠山名家戈裕良所设计②，就艺术水平言，苏州湖石假山当推此为第一。虽经后来修补，但大体仍保持原来面貌（图752）。

　　此园面积不大（现存一亩余），能利用有限面积，以山为主，以池为辅（图753~755），组合方法特辟蹊径，为罕见作品。假山以池东为主山（图752、756），池北为次山（图757），池水缭绕于两山之间，对假山起了很好的衬托作用。原有花厅设于池南，可从池西走廊通向问泉亭和补秋舫（图758），走廊上有边楼可供眺望。次山紧贴西北墙角，临池一面作石壁，壁上留有"飞雪"两字，是飞雪泉遗

---

① 见民国《吴县志》卷三十九上"申时行宅"条及所引清乾隆蒋恭棐《飞雪泉记》。又清光绪二年（1876）冯桂芬《显志堂稿》卷四《汪氏耕荫义庄记》："……今建祠之地既相传乐圃，后为景德寺……为申文定公宅。乾隆以来，蒋刑部楫、毕尚书沅、孙文靖公士毅迭居之，东偏有小园，……为吴下名园之一。"

② 清钱泳《履园丛话》卷十二"堆假山"条："近时有戈裕良者，常州人，其堆法尤胜于诸家。……又孙古云家书厅前山子一座，皆其手笔。"（按：孙古云即孙士毅之孙孙均，见清蒋宝龄《墨林今话》卷十）。

址（图759）。

主山分前后两部分，其结构于园的东北部以土坡作起势（图134），西南部累叠湖石，其间有两幽谷，一自南向北，一自西北向东南，会于山之中央，将山分为三区。前山全部用石叠成，外观为峰峦峭壁，内部则虚空为洞（图752、760~761）。后山临池用湖石作石壁，与前山之间形成宽1.5米、高4~6米的洞谷（图762~763）。前后山虽分而气势连绵，浑成一体，由东向西犹如山脉奔注，忽然断为悬岩峭壁，止于池边（图764~766），如张南垣所谓"似乎处大山之麓，截溪断谷"[1]之法。山的主峰置于西南角，以三个较低的次峰环卫衬托，左右辅以峡谷，谷上架石为梁，虚实对比，使山势雄奇峭拔，体形灵活饶有变化（图756、767）。

由池西问泉亭开始，渡曲桥（图764）有临池小道，旁依4米高的峭壁，下临池水，山体内有石洞石室各一处，经小径即转入石洞。洞直径约3米，高约2.7米，中设石桌石凳，可供坐息，四壁有孔五六处，供采光通风（图125）。石桌旁更有直径约半米的石洞下通水面，天光水色映入洞中，意匠较为别致。出此洞便是山涧峡谷，四周石壁耸立，并有西北部次山作为对景，是此山最幽深处（图762）。出谷拾级由后山盘旋而登，脚下高出地面4米余，山径据险而设，俯瞰曲桥水池，如处悬崖上（图61）。

假山局部处理，参照天然石灰岩被雨水冲蚀后的状况，将湖石叠成各种形体：有近似球状的（如山峰）；有近似条状的（如石壁上垂直体）；有近于片状的（如东南角贴墙石壁）；也有呈不规则形的。全山大体大面组合恰当，没有琐碎零乱的缺点。石块拼联也根据湖石纹理体势有机组合。从主山东南角和山顶未经修理的部分来看，原来灰浆隐于石缝内，能和天然石缝形象接近。山洞则采用穹窿顶或

---

[1]　《中国营造学社汇刊》第四卷三、四期合刊《哲匠录》所引清黄宗羲《张南垣传》。

拱顶的结构方法，犹如喀斯特溶洞，逼真而又坚固，虽历时二百年而无开裂走动迹象，恰如戈裕良本人所说："只将大小石钩带联络如造环桥法，可以千年不坏，要如真山洞壑一般，然后方称能事。"[①]证之实物，此说信而有征。石壁上挑出的悬崖也用湖石钩带而出，既耐久又自然，不像有些假山用花岗石条作悬臂梁挑出，再在条石上放置湖石或用铁件钩挂石块，年久石块崩落，条石毕露，补缀之迹，触目皆是，一优一劣，不言而喻。由于运用了这些手法，全山凝为一个整体，无须借助于萝葛的掩饰，望之如天然浑成。

全山石料采取重点用石的办法。凡是峰、壁、洞、谷、溪岸等引人注意处，都用形象好、块体大的石块，尤其是造峰筑壁的石料选择更为精当。山后靠近围墙和不显要处，石块质量相对较差，池中和谷中经常浸于水面以下的部分则用普通黄石，这种办法既节省湖石，又收到较好的效果。

综上所述，此山有以下几个特点：

（1）富于变化。此山占地只半亩，山上蹊径长约六七十米，洞谷长12米左右，山峰高7.2米，山景和空间变化颇多，有危径、山洞、水谷、石室、飞梁、绝壁等境界。从山外观赏，厅、舫、楼、亭等观赏点有远有近，有高有低，能发挥"山形步步移""山形面面看"[②]的效果。

（2）接近自然。从局部到整体，仿照石灰岩喀斯特现象所形成的构造与纹理，形象和真山接近。山的尺度虽小，但能把自然山水中的峰峦洞壑的形象，经过概括提炼，集中表现在有限的空间内。

（3）处理细致。全山结构严密，细部与整体熔铸为一体，一石一缝，交代妥帖，能远看，也可细赏。

---

① 《履园丛话》卷十二"堆假山"条。
② 《美术丛书》二集第七辑所载宋郭熙《林泉高致·山水训》段。

图 752　湖石山全景

图 753　剖面图

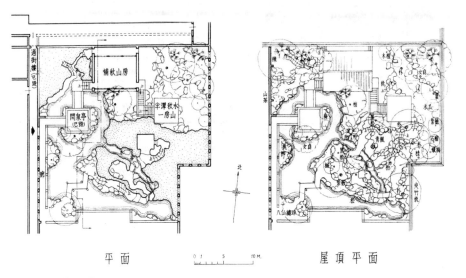

平面　　　　　　　0 1　　5　　　10 M.　　　屋頂平面

图 754　平面图

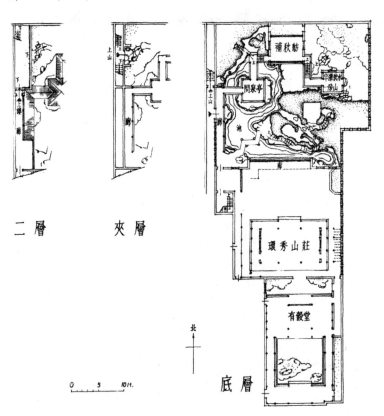

二　層　　　　夾　層

0　　　5　　　10 M.

底　層

图 755　复原平面图

图 756　湖石山东南谷口

图 757　西北角次山

图 758　补秋舫外景

图 759　飞雪泉

图 760　山谷内蹬道

图 761　山谷与石室

图 762　由山谷内望西北角

图 763　水涧

图 764　湖石山南部与水池曲桥

图 765　水池一角

图 767　湖石山东南部

图 767　石壁

拥翠山庄

拥翠山庄在虎丘二山门内古"憨憨泉"遗址西侧，建于清光绪十年（1884）。[①]中华人民共和国成立后经过修整，成为虎丘公园的一部分（图768）。

此园布局特点在于利用虎丘天然山坡（图769），全园总平面略近纵长方形，面积一亩余，剖面作阶梯状，共分四层，依山势逐层升高，形成台地园格式（图770~773）。园门居南，主体建筑灵澜精舍居北。南北两端建筑平面做对称布置，中部月驾轩（图774）、问泉亭一带则做不对称布置。园门内建轩三间，名抱瓮轩，憨憨泉即在轩的院墙外侧。轩北不远处，平台突起，台上建问泉亭（图775），此亭体积过大，比例不当，为一缺点。问泉亭西、北两面用湖石叠假山，其上散植夹竹桃、石榴、紫薇、黄杨、白皮松、青桐等花木，并立石峰数块，布局简洁紧凑，围墙隐约于树丛间，使院墙内外林木连为一体，是园内富于生趣的部分（图776）。

由假山蹬道宛转而上，达园内主要建筑灵澜精舍前的平台（图777），于此俯瞰园景，翠木茂密，石径盘转，深得山林之趣（图778）。灵澜精舍东侧突出于院墙之外另有大平台，居高临下，可纵

---

① 见民国《吴县志》卷十九《舆地考》所录杨岘《拥翠山庄记》。

观虎丘山麓一带景色。灵澜精舍后，在同一轴线上隔小庭院建后堂送青筱，庭院用围墙封闭，布局简单整齐。

此园结合地形创造台地园，而不拘于有无水池，可谓巧于因地制宜，又妙借园外景物，如仰视虎丘塔（图769），远借狮子山（图779），俯览虎丘山麓一带风景，都收到事半功倍之效。中部一段布局灵活，视野开阔，与周围自然环境结合密切，不失为虎丘山中一个有机组合的小景区。

图 768　东侧门

图 769　拥翠山庄与虎丘塔

图 770　总平面图

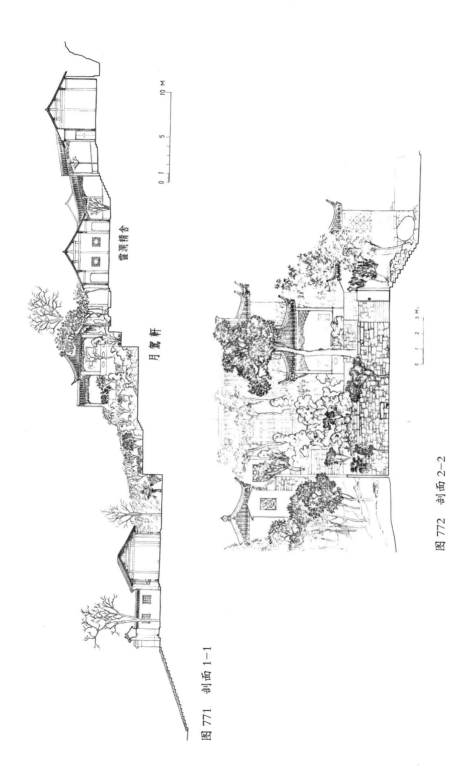

灵峰精舍

月霞轩

图 771　剖面 1-1

图 772　剖面 2-2

图 773　拥翠山庄鸟瞰图

图 774　月驾轩

图 775　拥翠阁与问泉亭

图 776　假山蹬道

图 777　灵澜精舍

图 778　月驾轩周围景物

图 779　借景狮子山

鹤　园

　　韩家巷四号鹤园建于清末，为一官僚私园。[①]此园位于住宅西侧，布局以水池为中心，周围布置山石花木建筑（图780），面积近二亩。

　　园门南向，门厅五间，以粉墙花窗为屏障，避免了直望园内的缺点。出门厅东北角有长廊，自南而北贯通全园。廊西接四面厅与北侧大厅（图781~783）。四面厅居中，将全园划分成南北两部分。四面厅南与门厅相对，沿粉墙置花台，栽花配树，点以立石，构成厅南对景。四面厅北与大厅相对，两厅之间凿水池，环池叠湖石，配植迎春、含笑、丁香、海棠、桂花、夹竹桃、紫薇、蜡梅等体形不大的花木与若干常绿树种，构成园的主景（图784）。

　　池西有重檐梯形馆（图785），以曲廊与大厅相接。此馆与东侧长廊均能破除墙面的平板空旷，有助于丰富园景。长廊曲折有致，与院墙构成几个小院，间以杂花修竹，层次颇多，是全园精华所在（图786~788）。轩南有土阜，上建六角小亭，并散植广玉兰、青桐、罗汉松、白皮松、棕榈、木槿、桃等花木，靠西墙又栽紫藤、木香、月季、薜荔等灌木藤蔓，使高兀的界墙隐于丛翠之中（图789），一

---

① 见园中石刻民国金天羽《鹤园记》："清光宣间，华阳洪鹭汀观察……卜宅韩家巷，而规其西为囿……榜之曰鹤园。"

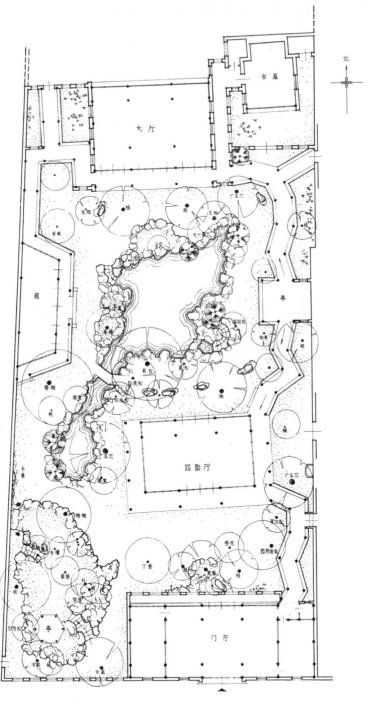

图 780　平面图

弯池水经缺口向土阜方向伸延成水湾，水口架以小桥，有源头深远之意。

　　此园规模较小，布局接近庭院。山池安排与局部处理简洁，园景以平坦开朗为特色。两翼廊轩的位置尺度合宜，西南一角土阜与水湾处理也不落建筑沿周边封闭环列的常套。但水池地位过于居中，三座厅堂（门厅、四面厅、大厅）大小朝向都很类似，缺乏变化，是其缺点。

图 781　大厅

图 782　大厅与书屋

图 783　大厅前景

图 784　四面厅北面景物

图 785　西侧梯形馆

图 786　亭与曲廊

图 787　曲廊

图 788　廊

图 789　池西景物

畅　园

　　庙堂巷二十二号畅园位于住宅东侧。园以水池为中心，周围缭以厅堂、船厅、亭、廊，采用封闭式布局及环形路线，面积虽小（约一亩余），园景却丰富而多层次，是苏州有代表性的小园之一（图790~791）。

　　园门设于东南角，经门厅及小院至桐华书屋。过此展望全园池水亭廊，视界豁然开朗。水池居园内中心，南北狭长，大部以湖石为岸，疏植花木，近南端以曲桥分水面为二。池东傍水建长廊，曲折逶迤，高低起伏（图792~793）。廊间设小亭两座，南名延晖成趣，平面六角形（图794），北名憩间，为方形半亭（图795），皆一面临水。曲廊与院墙间留有小院，内置湖石，植竹丛、芭蕉，并于廊墙上开洞门和漏窗，构成小品图画（图796）。再北有较大的方亭，折西即至全园主厅留云山房，厅南设平台，宽敞平坦，面临水池（图797）。经曲廊至池西船厅"涤我尘襟"，此厅平面南北狭长，东向临池，惜其基座僵直，出水过高，权衡欠妥。由此往南过方亭（图798），沿廊升至西南的待月亭（图799）。此亭建于假山上，是园内最高处，由此俯瞰，全园在目（图800）。由亭顺石级可下石洞，或沿斜廊往桐华书屋，循此便环园一周。

　　园内建筑物较多，局部处理手法细腻，比例尺度大体能和周围环境相配合，山石花木的布置也做到少而精，给人以精致玲珑的印象。

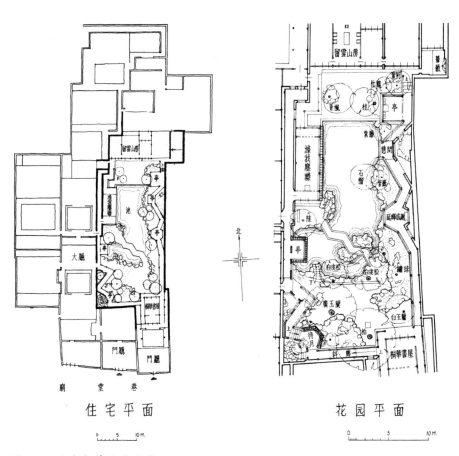

住宅平面　　　　　花园平面

图 790　住宅与花园平面图

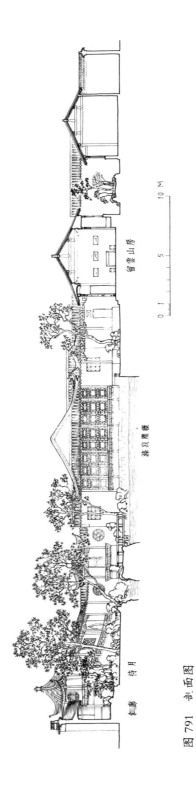

图 791　剖面图

图 792　憩间亭与曲廊

图 793　曲廊

图 794　延晖成趣亭

图 795　憩间亭与小院

图 796　东面曲廊内圆洞门

图 797　留云山房南面景物

图 798　池西方亭

图 799　待月亭与曲廊

图 800　东北全景

壶 园[①]

　　庙堂巷七号壶园位于住宅西侧（图801）。门作圆洞形，入门即为走廊，北通一厅，南接一轩，走廊中部有六角半亭一座。园以水池为中心（图802~803），北、东两面厅廊临水而设，池岸低平。北面厅前平台挑临水池之上，六角亭凌水而建，增加了水面的开阔感。园内不叠假山，仅在池周散置石峰若干，间植海棠、白皮松、蜡梅、天竹和竹丛等，掩映于水石亭廊之间（图804）。池上架桥两座，以沟通水池两岸（图805），小桥低矮简朴，能与水池相称，唯铁制栏杆与全园风格不相协调。园西界墙高兀平板，故在上部开漏窗数方，再蔓以薜荔之类的藤萝，沿墙布置花台、石峰和竹丛树木，形成较为活泼的画面（图806）。西北角厅前湖石花台与水池、小桥的结合也较别致。

　　此园面积仅约300平方米，但池水曲折多致，池上小桥及两岸树木湖石错落布置，白皮松斜出池面，空间富有层次变化，无论从南望北或从北望南，都有竹树翳邃的风景构图（图807）。小园用水池为主景者以此为佳例。

---

① 因工业建设发展的需要，此园现已拆除。

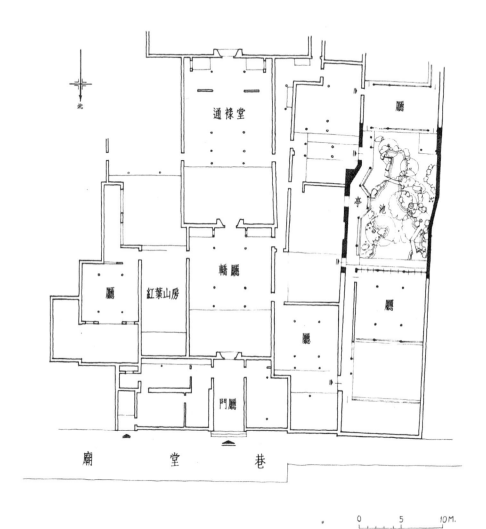

北

通禄堂

廳

廳　紅葉山房

轎廳

亭　池

廳

廳

門廳

廟　堂　巷

0　　5　　10M.

图801　住宅平面图

图 802　园景鸟瞰

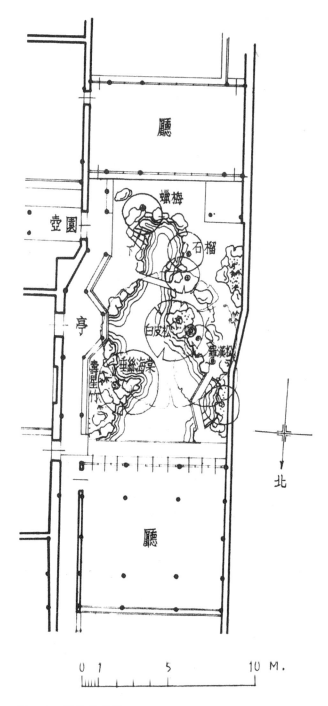

图 803　园林平面图

图 804　东侧池岸竹丛

图 805　水池西北角

图 806　池北厅堂

图 807　池南景物

残粒园

　　装驾桥巷三十四号残粒园建于清末，原为扬州某盐商住宅的一部分。住宅有中、东、西三路，园在住宅东路花厅东侧（图808~809）。全园面积很小，约140平方米，仅相当于拙政园远香堂的面积，但能利用空间，将亭子、假山、水池、花木组成曲折高下而有层次的景面。

　　由住宅后部经圆洞门"锦窠"入园，迎面有湖石峰作屏障（图810）。园内布局以水池为中心，花台树丛沿周布置。池岸用湖石叠砌，以石矶挑于池面（图811），东南墙角和池岸边各立石峰与入门处石峰相呼应，错落布置桂、天竹、蜡梅等花木，增加了风景层次。墙上开漏窗数方，蔓以薜荔、爬墙虎等，使呆板的墙面有所变化（图812）。池西紧靠界墙叠湖石假山一座，山中有石洞，入洞循石级上达一半亭名栝苍亭（图813~814），亭侧有门可通花厅。此亭居全园最高点，是主要观赏处，也是园景的构图中心之一（图815）。

　　此园运用传统小空间处理手法较为成功，半亭、石洞、水池、花台的位置高下相称，尺度适当，组合紧凑。但池岸嫌高，且少起伏，四周墙面也缺少变化，是不足处。

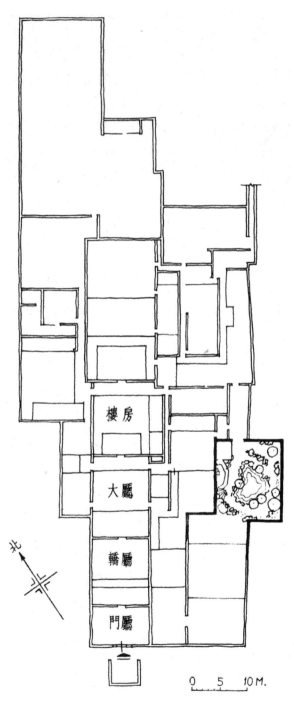

北

樓房

大廳

轎廳

門廳

0　5　10 M.

图 808　住宅平面图

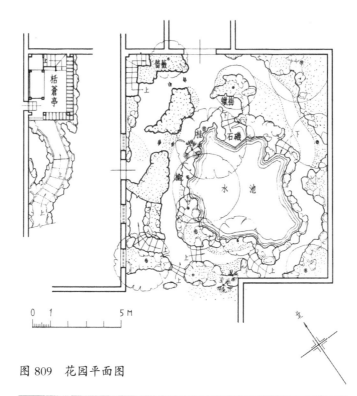

图 809　花园平面图

图 810　圆洞门

图 811　水池与石矶

图 812　墙隅小景

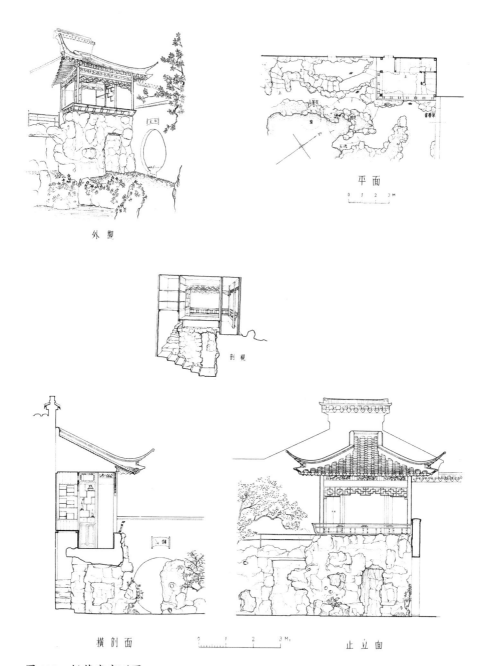

外观

平面

0　1　2　3 M

剖视

横剖面

0　1　2　3 M

正立面

图 813　栝苍亭实测图

图 814　栝苍亭

图 815　栝苍亭前景物

王洗马巷七号某宅书房庭院

　　这所住宅建于清光绪年间，书房庭院一区位于住宅的东南一隅，处境僻静（图816）。书房四周装置透空的槅扇和槛窗，使室内空间不致有局促感（图817）。书房东面正对庭院，南北两侧接以亭廊（图818），西侧设小院，内点湖石，植丹桂，使书房四向均有景可观（图819）。院中亭廊建筑比例尺度较小，周围配植桂、紫薇、海棠、木香等四季观赏花木。靠东墙堆土为阜，用湖石叠成石洞、花台与树池，有曲径可由亭登山再穿洞而下（图820~821）。此院用地很少（约300平方米），但纤曲而有层次，建筑、花木与湖石的布置和空间尺度也较相衬，是当地旧住宅书房庭院有代表性的一例。

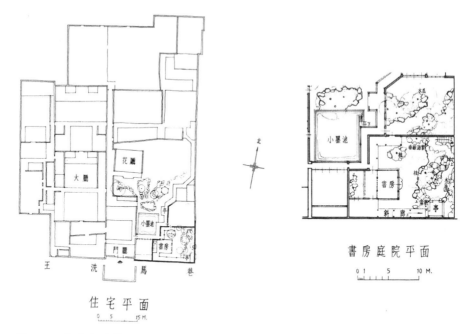

小墨池

大厅

花厅

小墨池

书房

書房庭院平面

0 1　5　　　10 M.

王　洗　馬　巷

住 宅 平 面

0　5　　　15 M.

图 816　平面实测图

图 817　书房庭院剖视图

576

图 818　院南景物

图 819　院东景物

图 820　曲径

图 821　石景